화이트헤드의
유기체철학입문

국립중앙도서관 출판예정도서목록(CIP)

화이트헤드의 유기체철학 입문 / 원작자: 미하엘 하우스켈러
; 옮긴이: 양우석. -- 대전 : 상생출판, 2018
    p. ;   cm

원표제: Alfred North Whitehead zur Einführung
원저자명: Michael Hauskeller
권말부록 수록
참고문헌, 화이트헤드 연표"와 색인수록
독일어 원작을 한국어로 번역
ISBN 979-11-86122-76-1 03160 : ₩15000

Whitehead, Alfred North
영국 철학[英國哲學]

164.55-KDC6
192-DDC23   CIP2018023357

화이트헤드의 유기체철학 입문

발행일   2018년 11월 1일 초판 1쇄
지은이   미하엘 하우스켈러
옮긴이   양우석
펴낸곳   상생출판
펴낸이   안경전
주소   대전광역시 중구 선화서로29번길 36(선화동)
전화   070-8644-3156
팩스   0303-0799-1735
출판등록   2005년 3월 11일(제175호)

ISBN 979-11-86122-76-1

화이트헤드의
유기체 철학입문

미하엘 하우스켈러 지음

양우석 옮김

상생출판

Contents

들어가기 전에

화이트헤드의 유기체철학에 관하여

1) 왜 독일어판 입문서인가

화이트헤드의 유기체철학은 어렵다. 일반인들이 고개를 절레절레 흔들게 하는 헤겔의 절대관념론 텍스트보다 어려웠으면 어려웠지 결코 쉽지 않다는 것이 솔직한 심정이다. 더욱이 국내의 입문서들조차 옮긴이에게는 결코 쉽지 않았다. 어디까지나 영미철학에 소원한 느낌을 가진 옮긴이 자신의 편협한 지식때문인지도 모르겠다. 어떻든-.

정말 이렇게 어려운 화이트헤드철학에 좀 더 손쉽게 접근할 길은 아주 막혀있는 것일까? 이런 근본적인 문제의식에서 옮긴이는 독일의 소장학자 하우스켈러의 독일어판 입문서를 우리말로 옮길 생각을 하게 되었다. 그러나 막상 옮기면서 가지게 된 생각은 이 책 역시 결국 화이트헤드를 다루기 때문인지 결코 만만치 않다는 것이었다. 그래도 다른 입문서보다는 좀 더 체계적이고 쉽다고 자부한다. 대부분 우리 학계에 있는 영미계의 입문서와 달리 독일이라는 색다른 토양에서 형성된 연구 성과라는 점에서 초보자들에게 기여할 수 있는 점이 적지 않다고 본다. 일반적으로 독일어는 뜻 글자이고 따라서 철학 개념을 표현하기에 보다 적합하다고 알려져 있다. 그래서 마이스터 에카르트로부터 칸트와 라이프니츠, 헤겔과 마르크스, 니체와 하이데거, 캇시러와 하르트만, 야스퍼스와 하버마스 등 세계사적으로 걸출한 철학자들을 배출한 것은 결코 우연이 아니라고 본다. 이런 독일인과 독일어는 그 어렵다는 화이트헤드의 유기체철학을 어떻게 이해하고 있는 것일까? 화이트헤드연구의 영향사적 측면에서 대단히 흥미로운 문제가 아닐 수 없다. 이에 대해서는 옮긴이가 본 화이트헤드의 철학을 소략하게 소개함으로써 자연스러운 답이 내려질 수 있을 것으로 기대한다.

2) 화이트헤드 철학의 특징

보통 화이트헤드의 철학은 영국 경험론의 전통 위에 서 있다고 말하지만 이것을 액면 그대로 받아들이면 곤란하다. 원칙적으로 영국 경험론적 전통에서 일상적 경험의 지반을 넘어서 있는 대상을 다루는 전통적 의미의 형이상학은 금기시되기 때문이다. 그런데도 화이트헤드는 현대철학자로서

현대 과학만능주의의 조류 한 가운데 형이상학을 재건하는
데 성공했다. 이것은 너무나 역설적이다. 그는 근대 대륙의
합리론자들 못지 않게 수학과 자연과학에 전문가적 소양을
갖추고 있다. 그가 마지막으로 남긴 저서가 수학과 과학에
관한 것이었으며, 박사학위 논문이 맥스웰의 전자기이론에
관한 것이라는 점이 이것을 잘 입증해 준다. 그러나 그는 이
에 못지 않게 플라톤과 아리스토텔레스를 비롯하여 근대의
데카르트와 라이프니츠, 로크와 흄은 물론 칸트라는 유럽
주류철학의 전통 한가운데서, 그 체계들과 비판적으로 대결
하면서 자신만의 독특한 형이상학을 수립했다.

나아가서 니체 이래 형이상학 체계에서 버려졌던 신 문제
를 현대철학의 새로운 시각에서 살려내어 천착하고 있음 또
한 놀랍고도 주목할 만한 일이다. 아마도 아무리 철학에서
신을 배제한다 하더라도 현실적으로 엄연히 존재하는 종교
현상의 본질인 신을 작위적으로 제거할 수는 없기 때문이
아닌가 한다. 이러한 신에 대한 인간의 끊임없는 관심이 현
실적으로 존재한다는 것은 곧 그러한 현상을 있도록 한 형
이상학적 본질 또한 존재할 것이라고 유추할 수 있기 때문
이 아닐까? 그런데도 과거의 형이상학은 진정한 의미에서
신의 존재증명에 성공하지 못했고, 따라서 형이상학 일반

가운데서 체계화하지도 못했다. 화이트헤드는 이 사실을 염두에 두고 그의 형이상학 체계 내에서 신의 문제를 중심에 설정하는 모험을 감행하지 않았나 한다.

이를 위해서 그가 일차적으로 염두에 두었던 것은 이 세계의 존재 실상을 있는 그대로 밝혀내는 일이었다. 그는 이것을 과정과 실재의 변증법적 상호관계 가운데서 추구했다. 분명 그는 헤겔의 변증법을 구사하지는 않았지만 헤겔의 관념론적 변증법과는 다른, 혹시 그렇게 명명할 수 있다면, 형이상학적 변증법(헤겔적인 관념론적 변증법과는 다르다는 점에서 이렇게 부르는 것이 허용된다면)을 통해서 이 작업을 관철하고자 시도했다. 말하자면 그 자신은 헤겔적 의미에서의 변증법이라는 개념을 사용하지는 않았지만 범주들의 얽히고 설킨 실타래를 상호관계적으로 풀어냈다는 점에서 대단히 변증법적이라는 것이다. 말하자면 화이트헤드의 철학체계에서 세계는 과정의 존재와 존재의 과정이 일치하는 방식으로, 즉 상호 모순적이면서 이 모순을 해소하는 방향으로 전개되는, 존재이자 곧 생성으로 파악되는 것이다.

일설에 의하면 그는 말년에 평소 헤겔철학에 등한히 했음을 후회했다고 한다. 꼭 그래서는 아니겠지만 그의 주저인 『과정과 실재』라는 제목 자체가 헤겔의 영향을 받은 영국의 신헤겔주의자인 브레들리의 『현상과 실재』와 유사한 것은 결코 우연은 아닌 듯하다. 헤겔 역시도 과정과 실재 혹은 현상과 실재를 변증법적으로 통합하고자 무진 애를 썼다. 화이트헤드는 관념론자로서 관념론을 넘어서고자 했던 헤겔의 절대주의철학과 별로 다르지 않게 경험론자로서 경험론을 넘어서고자 한 것은 아닐까? 말하자면 그는 주체와 대상을 모두 포괄하면서 동시에 초월하는 본래적 의미의 경험론의 입장에서 대상의 영역을 희생시키면서 주체의 영역에 갇혀버린 역사적 경험론(영국 경험론)을 극복하고자 했던 것이다. 말하자면 그의 경험 개념은 전통적인 경험 개념보다 소여所與의 폭을 훨씬 넓게 잡는 것이다. 근대의 경험론이 어디까지나 인간의 의식을 토대로 삼았다면 화이트헤드는 의식과 그 대상을 넘어서까지 경험의 영역을 확장하고 있는 것이다.

3) 화이트헤드 유기체철학의 도해와 요약

화이트헤드의 유기체철학 전체의 구조와 내용을 아주 쉽게 접근하기 위하여 간단한 하나의 그림과 이에 대한 간단한 요약을 소개한다.(P. Kunzmann, F.-P. Burkhard, dtv-Atlas Philosophie, München 2013, S. 226~227)

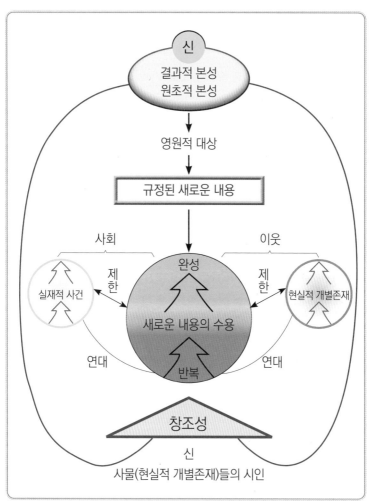

신

결과적 본성
원초적 본성

영원적 대상

규정된 새로운 내용

사회   이웃

완성

실재적 사건   제한   제한   현실적 개별존재

새로운 내용의 수용

연대   반복   연대

창조성

신

사물(현실적 개별존재)들의 시인

화이트헤드의 유기체철학 도해

화이트헤드는 『과정과 실재』에서 세계를 사변적으로 설명한다. 그는 이 "하나의 우주론의 시도"에서 서양철학의 몇 가지 오해를 수정한다. 그래서 정신과 물질의 분기分岐(bifurcation)는 실체성과 유유성의 고전적 분열 혹은 전통적인 시간표상表象과 마찬가지로 수정된다. 화이트헤드는 추상과 구체를 뒤바꾸는 데서 생겨나는 기만("잘못 놓인 구체성의 오류")을 벗어나고자 한다. 그의 철학은 정합성(Adäqutheit)으로 특징지어진다. 그것은 "보편적 관념들에 관한 정합적이고 논리적, 필연적인 체계를 공식화한다. 이로 인해서 우리 경험의 모든 요소들이 해석될 수 있다."

화이트헤드는 이를 위해 모든 현실적인 것을 파악할 수 있는 복합적 범주체계를 창안한다. 그럴 때 "존재론적 원리"의 의미에서 보면 언제나 오직 개별적 구체자만이 현실적이다. 모든 현실적인 것은 "대상적 불멸성"에 도달하는 과정에 있어서의 사건("현실적 개별존재")이다. 이 과정은 "파악"(prehension)에 의해서 특징지어진다. 파악에 있어서 과거로부터 유래하는 그때마다의 대상의 규정들과 미래를 지시하는 가능성들이 만난다. 사건들이 표현하는 실재적인 것("현실적 개별존재")은 자유롭게 그때마다 이 가능성들 가운데 하나를 선택하며, 그것이 구체화되면 충족(satisfication)에 도달한다. 이 과정은 양극적, 즉 주체적 느낌 가운데 있는 물리극과 정신극을 가진다. 이 과정에서 사물("현실적 개별존재")은 새로운 내용의 수용과 동시에 타자들에 의한 제한에 의해서 규정된다. 그래서 이 타자들은 각 현실적 개별존재 안에 들어 있는 자료로서 함께 포함된다.

사건들의 관계를 "연쇄"(예컨대 동시성)라 부른다. 이 사건들은 그 복합성과 교호작용의 정도에 따라 지속하는 사회로 이해될 수도 있다. 예컨대 어떤 세포에 들어 있는 분자는 어떤 "구조지어진" 사회의 한 부분인데, 그것은 그 밖에서는 가지지 못했을 수도 있는 속성들을 가지기 때문이다.

현실적 개별존재들의 생성 과정 속에 주어진 가능성들은 "영원적 대상들"에 의해서 함께 규정된다. 이 "이념들"은 어떤 현실적인 개별존재가 생겨날 때 차별적 중요성을 가지며, 그것이 그 목적을 나타내는 하나의 사건에 실현될 때에만 실재적이다. 그 관계들은 신의 질서짓는 활동에 의존한다. "이런 의미에서 신은 구체화의 원리이다. 이 원리에 의해서 각 시간적 구체화는 최초의 목표를 유지한다. 이 목표는 영원적 대상들의 중요성의 시초적 단계구분을 규정한다." 이런 국면을 신의 "원초적 본성"이라고 부르며, "결과적 본성"과 병치된다. 신은 결과적 본성에서 각 피조물과 결합되며, 이것은 다음과 같이 표현된다. "[신]은 세계를 창조하는 것이 아니라 구원한다. 혹은 더 정확히 말해서 신은 세계의 시인이고, 진선미眞善美에 대한 그의 통찰에 의해서 애정어린 인내심으로 세계를 주도한다."

세계와 그 각 요소는 유기체로 이해되며, 여기서 각 성분에게는 그 고유의 의미가 자기자신과 전체를 위해서 귀속된다. 유기체는 포괄적인 창조성에 의해서 규정된다.

4) 본서의 구조

하우스켈러의 본 입문서는 화이트헤드의 철학이 서양철학의 전통 한 가운데 있음을 이 책 전체의 기획을 통해 보여주고 있다.

특히 제1장과 2장에서는 고대 이래 제기되었으나 결코 그것을 통합적으로 사유하는 데 성공하지는 못했던 일과 다의 문제를 심층적으로 분석하고 있다. 그리고 그것을 체계적으로 해결하기 위한 방법론에 대한 종합적 고찰을 하고 있다. 이것은 어디까지나 화이트헤드의 철학적 입장에서 반추한 것이다.

제3장에서는 주체와 대상의 문제를 다루는데, 한 마디로

전통적인 인식론적 경향의 철학적 입장에 대한 종합적 검토다. 우리의 모든 세계 인식이 경험에서 비롯된다고 할 때 경험의 주체와 대상의 문제를 비판적으로 다루는 것이다. 그럴 때 화이트헤드는 현실계의 최후 단위존재인 현실적 개별존재와 그 보편적 성격을 가능케 하는 영원적 대상, 주체와 대상의 관련성을 이루는 지각의 문제에 관여한다. 말하자면 이것은 화이트헤드 형이상학의 뼈대에 해당하는 범주들이다.

제4장에서는 고대 이래 끊임없이 제기되었으나 무한한 논쟁에 휘말려 있는 존재와 생성의 문제를 새롭게 해부한다. 여기서 시간의 불가사의, 존재와 생성의 변증법적 고찰, 신 등의 굵직굵직한 문제들이 다루어진다. 말하자면 3장에서 다루어진 세계의 구성 범주들을 현실에 적용할 때 생겨나는 커다란 그림의 모습이다. 시간, 신, 세계의 존재 양상 문제에 대한 화이트헤드적 해답이 추구된다.

제5장에서는 인간과 세계의 존재 의미를 결정짓게 되는 자유와 필연의 문제가 다루어진다. 이것은 윤리적인 것 이전의 근원적 문제다. 말하자면 존재 자체, 세계의 근원의 존재 양상이 자유와 필연의 문제인 것이다. 이 문제는 전통적인 신과 자연법칙의 이율배반적 성격을 넘어서 추구된다. 이것은 전통적으로 추구된 신과 자연의 의미 밑바탕에 깔려

있는 존재 의미를 파헤치는 작업이다.

제6장에서는 종교, 아름다움, 선, 악, 신이 가지는 의미, 즉 그 근원적 가치의 문제가 다루어진다. 이것은 그러나 인간적 관점이 아니라 존재 자체, 세계의 관점에서 다루어진다. 특히 아름다움에 대한 화이트헤드의 평가는 존재론적인, 혹은 형이상학적인 것으로서 전통적인 것과 거리가 있다. 진선미에 대한 가치 서열의 문제에서 최상위에 있는 것이 곧 아름다움이라는 획기적인 입장이다. 이 점은 진을 최상위에 두는 헤겔과 다른 점이고, 미를 최상위에 두는 심미적 관념론의 입장을 취하는 셸링과 유사한 점이라 하겠다.

5) 번역어에 대한 변명

또 한 가지, 우리 학계에서 여전히 혼란스러운 번역어에 관한 몇 가지 문제를 상세하게 밝힐 필요가 있을 듯하다.

이에 대해서는 옮긴이의 번역문을 읽은 후 나름의 견해를 피력해 준 전前 한국화이트헤드학회 회장 이태호의 제안(2017.12.23. 편지)과 이에 대한 옮긴이의 소견을 중심으로 몇 마디를 덧붙이도록 하겠다. 이태호는 원고를 꼼꼼히 읽고 몇 가지 의미있는 제안을 통해서 특히 중요한 번역용어에 관해

옮긴이와 심도있는 토론을 하여 전반적인 합의를 도출했다.

이태호는 크게 세 가지 번역어를 지적하였다. 그것은 "eternal object", "actual entity", "category of reversion"이다.

1) 그는 "eternal object"를 "영원한 대상"으로 옮길 것을 제안하고 그 이유를 이렇게 밝힌다.

"첫째, 객체로 번역하면 주체와 객체의 주객 이분법이 뚜렷해진다. 화이트헤드는 이분법적 사고의 위험을 강조한다. 둘째, 화이트헤드의 유기체철학은 실체實體를 부정한다. 그런데 주체, 객체는 실체의 측면이 너무 강하게 드러난다. 셋째, 화이트헤드의 유기체철학에는 원자성과 관계성이 동시에 강조된다. 합생과정에서 주체의 원자성이 확보된다. 그러나 그 주체와 관계하고 있는 것들은 모두 그 주체의 대상이다. 그리고 그 주체도 만족(충족) 후에는 새롭게 일어나는 다른 주체의 대상이 될 수 밖에 없다. 넷째, 객체라는 용어에는 관계성이 단절된 또 다른 주체라는 의미가 강하다. 물론 입각점을 그곳으로 옮기면 그것이 '또 다른 주체'일 수 있다. 그러나 관계성이 단절된 객체라는 것은 없다. 만약에 이러한 것이 있다면 유기체 철학에서는 공허한 현실(태)다."

또한 그는 '영원적'보다 '영원한'으로 같이 바꾸는 것이 좋을 것 같다는 견해도 피력했다.

이에 대한 옮긴이의 생각은 이렇다. "eternal object"는 보통 우리 학계에서 "영원적 객체" 혹은 "영원한 대상"으로 옮긴다. 독일어로는 "무시간적 대상"(zeitloser Gegenstand)이다. 이것은 적어도 표면적으로는 플라톤의 이데아와 같은 것인데, 영어로는 "eternal object"로 나타난다. 그러나 화이트헤드는 플라톤의 이데아가 가지는 속성 가운데서 자립적인 측면(혹은 실체)을 탈락시킨다. 그것은 순수한 가능성이기 때문에 "actual entity"를 통해 실현되지 않을 경우 존재론적으로 별 의미가 없다. 따라서 플라톤의 '진정한 존재'는 이데아이지만 화이트헤드의 그것은 "eternal object"가 아닌 "actual entity"다. 이런 의미에서 현대의 비판적 존재론자인 하르트만N. Hartmann은 이것을 온전한 존재가 아니라는 뜻에서 "반존재"(halbes Sein)라 부른다.

그리고 "object"란 용어는 근대 인식론적 실체철학을 통해서 주체(subject)의 상대 개념이라는 성격과 동시에 사물적 존재라는 뉘앙스를 동시에 가지게 되었음을 주목할 필요가 있다. 원래 'object'는 라틴어 'objectum'에서 왔는데, "반대편으로 던지다, 투사하다"는 뜻이다. 더 구체적으로는 "반대편에 있는 ~을 향해서 던지다, 투사하다"는 뜻으로서, 이 "~"은 곧 'subjectum'의 존재를 예상한다. 즉 'objectum'과 'subjectum'은 서로를 마주보고 있음이 전제되어 있으며, 일방은 타방 없이는 서로 존재 의미가 없다. 바로 이것은 근대 실체 혹은 주체철학의 근본 요소로서 인식론적 세계관의 숨은 전제를 이룬다. 이것은 동시에 근대 인식론적 세계관, 더 구체적으로 말하면 주관주의적 인식론의 편견을 이룬다. 여기서 존재하는 모든 것, 자연 혹은 사물은 근본적으로 주관의 대상(객관)을 이룰 뿐이다. 과연 그런가? 모든 사물, 자연은 인식 주관의 대상에 지나지 않는가? 그렇지 않다. 상식적으로 보면 그것은 인식의 대상, 주관의 대상이 아닌 상태에서도 존재하는, 즉 자체존재이다. 내 앞의 사물들, 대상들은 내가 인식하지 않아도 훌륭히 존재하지 않는가? 바로 이런 생각에서 근대 이후 근대 인식론에 대한 비판이 일어난 것이다. 그러나 동시에 근대 이래의 존재론적 사조는 모두 예외 없이 이런 생각을 기초로 하고 있기도 하다. 즉 이런 사조들은 근대 인식론의 직간접적 상속자들인 것이다. 현대 형이상학자인 화이트헤드의 "eternal object"는 이 점을 직시하고 있으며, 바로 이점에서 현실적으로 적합한 용어가 없기 때문에 하는 수 없이 선택한 것에 지나지 않는다. 즉 여기서의 "object"는 근대 인식론적 문맥에서의 객관, 대상은 아니다.

따라서 근원적으로 우리말 번역어 "객체"나 "대상"은 모두 영어 "object"에 대한 번역어로서 근대 인식론의 산물로 오해될 소지가 다분한 위험한 번역어이다. 그리고 원칙적으로 어느 것이 우리말 번역으로 더 적당한지에 대한 딱 떨어지는 답은 없다. 물론 이태호의 견해처럼 "객체"가 "객관"보다는 실체적인 측면이 강하다고는 할 수 있을지는 모르겠다. 그러나 "대상"도 "마주하고 있는 것"으로서 "object"의 독일어 번역인 "Gegenstand"라는 점에서는 "객체"와 근본적인 차이점은 없다.

그런데도 "번역어 어감상" "객체"보다는 "대상"이 더 낫다는 그의 제안은 나름 일리가 있기 때문에 이를 따르기로 하지만 "영원한 대상"보다는 "영원적 대상"을 취하기로 한다. 이것은 "actual entity"의 번역어가 "현실적 개별존재"임에 보조를 맞춘 것이다. 그는 이에 대해 추후의 토론을 통해 기꺼이 동의하였다. 이에 따라 이 책에서 "Objekt"는 "객체"가 아닌 "대상"으로, 근대 인식론이라는 특수한 문맥에서만 "객관"으로 옮겼다. 그래서 "objective immortality"는 "대상적 불멸성", "Objekt"는 "대상", "objective"는 가급적 "대상적"으로 옮기고자 노력했다.

2) 그는 'actual entity'를 '현실적 존재자'로 옮겨야 한다고 주장한다. 이에 대한 옮긴이의 생각은 좀 다르다.

이것은 실제로 국내에서 "현실적 존재" 혹은 "현실적 존재자"로 번역하고 있으며, 독일어권에서는 "현실적 개별존재"(wirkliches Einzellwesen)로 옮기고 있다. 결과적으로 옮긴이는 이 번역어를 따르려고 한다. 그 이유는 무엇일까? 이에 대해서는 "entity"라는 용어의 의미가 중요한 열쇠라고 본다.

일반적으로 "존재자"(Seiendes)라는 전통존재론의 용어를 피하고 대신 "entity"를 사용하는 것은 특히 다음과 같은 경우에 한한다. (단, 화이트헤드가 이 경우에 속하는지는 불분명하다. 그의 『자연의 개념』, 『과학과 근대세계』에서는 "entity"가 가장 보편적인 존재자, 즉 'thing'을 지칭하는 듯한 뉘앙스를 풍기는 것이 사실이다. 그러나 여기서 'thing'은 '사물'이라기보다는 '것'에 가까운 의미다.)[1]

가. "이것은 존재하는, 즉 하나의 혹은 다른 방식으로 존

---

1 A.N.Whitehead, *The Concept of Nature*(1971). P.5 ; *Science and the Modern World*(1967), P. 144 참고—옮긴이.

재하는 무엇이다. 'Entität'(entity)라는 표현은 특히 언급하는 것(예컨대 그것이 개별대상인지, 속성인지, 사건인지 등)이 어떤 정확한 존재론적 지위를 가지는지를 열어두려고 할 때 사용된다."(A. Beckermann, Das Leib-Seele-Problem, Paderborn 2011, S. 117)

나. "현대 과학철학(Wissenschaftstheorie)이나 인식이론에서는 존재론적 물음이 허용될 경우, 대개 '존재자'(Seiendes)라는 표현은 피하고 그 대신 'Entität'(entity)가 사용된다." (A. Halder, Philosophisches Wörterbuch, Freiburg 2008)

이 두 가지 조건에 관련되는 것이 곧 화이트헤드의 "actual entity"라고 생각한다. 여기서 특히 눈에 띄는 것은 "'존재자'라는 표현을 피한다"는 사실이다. 아마도 하이데거나 하르트만 등 독일의 존재론적 전통을 벗어나기 위한 것이 아닌가 한다. 물론 화이트헤드가 정확히 이런 정황을 인식했는지는 알 길이 없다. 우리말 번역어 "현실적 존재"는 보편적인 성격을 가지는 것으로서 전혀 맞지 않는다. 그리고 이태호의 제안인 "현실적 존재자"의 "존재자" 역시 우리나라에서 독일어 'Seiendes'의 번역어로 굳어졌음을 감안한다면, 그리고 "entity"가 이 "Seiendes"를 피하기 위해 사용된 용어임을 감안한다면 남은 가능성은 이 책에서 이런 목적에 부합하는 번역어인 'Einzelwesen'의 우리말 번역을 어떻게 할 것인가의 문제로 압축된다. 물론 그 일차적 의미는 "개체, 개별자" 등으로 볼 수 있다. 그러나 이에 대해서는 독일어 "Einzelnes", "Individuum"이 있고, 이것이 국내 번역에서 채택되고 있음을 감안해야 할 것이다. 결국 좀 어색할지는 몰라도 중복을 피하기 위해서는 독일어의 우리말 직역인 '개별존재'를 따르는 것이 좋겠다고 생각한다. 이태호도 추후 토론을 통해서 이 생각에 적극 동의하였다. 그래서 이번 기회에는 "actual entity"는 최종적으로 "현실적 개별존재"로 결정한다.

3) 역전의 범주(category of reversion) → 개정改定의 범주

이에 대해 이태호는,

"i) 일본판에서 '역전의 범주'로 번역하였고, 우리나라에서도 그대로 따르는 것인데, 분명한 오류라고 생각한다. 화이트헤드에게 있어서 '역전(reversion)'이라는 단어는 '부분적으로 동일하고 부분적으로 상이한'이라는 의미이다. 그런데 'reversion'의 주요의미가 역전이기 때문에 그렇게 번역을

한 것이다. 그러나 큰 사전을 찾아보면 화이트헤드가 원래 의도했던 의미인 '개정改定'(이미 정하였던 것을 고쳐 다시 정함)이 있다. ii) '역전'은 "1. 형세가 뒤집힘. 또는 형세를 뒤집음. 2. 거꾸로 회전함. 3. 일이 잘못되어 좋지 아니하게 벌어져 간. 유의어 : 역회전, 반전"(네이버 국어사전)이다. 이 범주에는 이런 의미가 없다. iii) 혹시 독일어권에서 번역을 할 때 화이트헤드를 제대로 이해하고 했다면, 역전이 아닌 다른 용어로 바꿨을 가능성이 있지만 영어 reversion을 독일어로 직역했다면 동일할 것이다. vi) 이번에 역전의 범주로 번역하셔도 무난하고 선생님께서는 책임이 없다."라고 말한다.

이에 대한 옮긴이의 생각은 이렇다.

일본어 번역이라고 해서 반드시 잘못된 것이라고 할 수는 없을 것이고, 그 가운데 타당한 것도 있을 것이다. 그리고 반드시 타당한 것은 아니지만 달리 대안도 없고, 그래서 그렇게 굳어져 버린 것도 있다. "reversion"이 바로 그렇다. 그가 제안한 "개정"은 원칙적으로 옳을지는 모르지만 사태를 나타내는 데 가장 인상적인 표현을 '역전'에 선점당한 것이 아닌가 한다. 그래서 부득불 옮긴이로서는 '역전'을 고수하기로 한다.

4) "datum", "data"는 우리 학계에서 "여건與件"으로 번역되는데, 옮긴이는 우리의 일상어와 부합하지 않는 부자연스러운 번역어라고 본다. 그냥 '자료', '자료들'이라고 하는 것이 사태에 부합하지 않나 한다. 또 하나의 가능성은 "정보"인데, 특히 현대 정보학과 인공지능학, 인지과학과 로봇학과 관련한 논의에서, 특히 뇌신경학적 관점에서 이런 번역어도 적극 고려해 볼 만하다고 본다. 이 용어를 취하지 않는다고 하더라도 "자료"라는 용어 안에 이미 이 '정보'라는 의미가 포함되어 있음을 확인해 둘 필요가 있다.

또한 "satisfication"은 보통 "만족"으로 옮기지만 이번에는 이것을 "충족"으로 바꾼다. 이것은 "만족"이 너무나 인간 중심주의적 용어인데 반해서 "충족"은 어떤 조건들이 채워졌음을 뜻한다는 점에서 보다 중립적인 용어라는 데 착안한 것이다. 독일어 번역도 '만족'을 뜻하는 "Zufriedenheit", "Befridigung", "Satisfaktion"이 아니라 "충족"을 뜻하는 "Erfüllung"이다.

"Nexus"는 기존의 "결합체", "결합" 대신에 "연쇄", "연쇄체"로 바꾸어 옮긴다. 그것은 독일어로는 "Verbindung"과 "Verkettung"의 차이에서 잘 드러난다. 이로써 "결합"이 A와 B의 연결을 뜻하는 데 반해서 "연쇄"가 A, B, C...∞의 계속적인 결합이라는 확장된 의미를 가지는 데 착안한 것이다.

6) 마무리

이태호는 이 번역서에 대하여 "책을 읽고 난 후의 전반적인 느낌"을 이렇게 요약한다.

"가. 화이트헤드의 이해에 도움이 되는 책이다.

나. 저자가 나름의 핵심을 파악하고 있으며, 핵심어를 중심으로 '신 없는 화이트헤드'를 주장하는 사람에 대해서 반박 주장을 하고 있다.

다. 독일어권에서 화이트헤드를 이해하는 방향에 대한 안내가 되었다.

라. 저자의 화이트헤드 이해는 화이트헤드 연구를 시작하려는 자와 일반독자에게 도움이 되는 책이다.

마. 번역자는 문장을 매끄럽게 잘 표현하여 읽기에 부담스러운 부분은 없었다."

이 정도면 가히 찬사에 가까운 표현이라고 할 수 있을 것이다. 보통 화이트헤드의 유기체철학은 불교의 화엄사상과 깊은 연관이 있는 것으로 알려진다. 화엄의 저변에 깔려 있는 핵심은 만유가 한 치의 어긋남도 없이 뒤얽혀 조화를 이루며, 이것은 꽃처럼 아름답다는 사상이다. 화이트헤드의 유기체 개념 역시 만유가 연쇄적으로 얽혀 조화를 이루며 그 바탕은 아름다움이라는 사상이다. 물론 기독교신학과도 접점이 있는 것으로 평가되기도 한다. 유대교의 신과 기독교의 신은 다르지만 그 다르면서도 같은 두 신의 모습은 화이트헤드의 유기체철학의 신을 통해서 새롭게 해석될 수 있다고 여겨진다.

그런가 하면 벽에 부딪힌 현대 자연과학의 돌파구로서의 역할이 기대되기도 한다. 특히 인공지능의 철학에서 결정적 역할을 하는 뇌과학(신경과학)에서 그러하다. 현대과학이 의식을 물질로 환원했다면 결국 세계는 물질로만 이루어져 있다는 결론을 피할 수 없을 것이다. 그래서 물질주의, 환원주의, 과학만능주의가 득세하게 된다. 세상의 모든 일을 이런 시각으로 봄으로써 어떤 일이 생길 것인가? 인간과 그 사고는 기계론적으로 이해될 것이고, 인간성의 고유성을 위한 여지는 줄어들거나 거의 몰락해 버릴 것이다. 그래서 사람들이 우려하는 황량한 세계와 인간성의 몰락이라는 반갑지 않은 시나리오가 판을 치게 될 것이 뻔하다. 화이트헤드의 유기체철학이 기여할 수 있을 것으로 기대되는 지점이 바로 여기다. 이 사상은 인간중심주의의 전통을 비판하지만 인간의 존엄성을 반대하지는 않는다. 아름다움과 진리, 착함을 통한 세계의 조화를 적극 옹호하고 있다고 보여진다.

유기체철학은 환경과 주체와의 깊은 연관성을 중시하며, 무엇보다도 주체의 창조적 활동을 세계 이해의 중심에 설정한다. 이 조화로운 세계에서 신은 전통에서 그러했듯 인간사를 간섭하고 전재全載하는 것이 아니라 뒤에서 돕고 이끌어 주는 숨은 시인의 역할을 한다. 이렇게 신은 세계를 시시각각 창조함으로써 자신을 세계화하고, 동시에 세계와 주체를 신격화하게 된다. 이에 따라 주체의 활동 역시 과거와 현재, 미래를 아우르는 창조적 활동으로 상승하게 된다.

화이트헤드 유기체철학의 본질은 아직 완전하게 밝혀지지 못하고 있는 실정이다. 게다가 유기체철학의 범주체계는 그 자체로 완벽한 것이 아니며, 계속해서 새로운 상황에 알맞게 보완되고 새롭게 해석되어야 한다. 오늘날을 과학시대라고 한다면 이 상황 역시 유기체철학의 해석을 자극하고 이 여과를 통해서 과학 역시 새롭게 해석되고 그렇게 하여 과학 발전의 새로운 돌파구를 찾을 수 있을 것으로 기대된다. 한 마디로 유기체철학의 해석과 그 역할은 아직 다 길어 올려지지 않은 상태로 머물러 있다. 옮긴이 역시 그 초입에 서서 그저 경이롭게 전망하고 있을 따름이다. 화이트헤드 유기체철학에 대한 본격적인 이해와 대결은 바로 이제부터라고 할 수 있을 것이다.

화이트헤드 철학에 대한 입문서인 본서를 우리말로 옮기는 작업은 사실 옮긴이로서는 힘에 부치는 작업이었다. 난삽하고 까다로운 이 철학에 대한 파악과 이를 표현하는 언어에 대한 이해라는 이중의 작업을 요하는 것이었기에 더더욱 그러했다. 그러나 우리 학계의 미래를 위해 꼭 기여할 것이라는 한 가닥 희망을 가지고 이 작업을 포기하지 않고 여기까지 왔다. 모쪼록 독일어권의 화이트헤드 연구 상황을 반영하고 있는 이 번역서가 소기의 목적을 달성하여 국내에서 이해하기 어려운 것으로 정평이 나있는 화이트헤드 유기체철학에 보다 쉽게 접근할 수 있는 작은 발판이 되기를 바라마지 않는다. 또한 바쁘신 가운데서도 난삽한 번역문을 꼼꼼히 읽고 번역상의 귀중한 제안을 해 주신 이태호 선생님께 다시 한번 진심으로 감사드린다. 끝으로 이 책의 출간을 기꺼이 허락해 주신 상생출판 안경전 사장님의 후의와 편집부 여러분의 노고에 심심한 사의를 전해드리는 바이다.

2018. 7. 2

옮긴이

1
서론

1) 체계의 철학사적 전제들

우리가 아는 한, 가장 오래 된 서양적 사고방식 가운데 하나는 정신과 육체를 구별하는 것이다. 그리하여 이미 오르페우스교[1]에서는 인간의 육체, 그리고 그 안에 존재하면서도 그와는 분리된 영혼 사이에 뛰어넘을 수 없는 차이가 있다는, 옛날의 디오니소스 제의祭儀에서 유래하는 사고방식이 발견된다. 그래서 플라톤에 있어서 의미하는 바와 같이, 육체는 자유를 추구하는 인간 영혼의 감옥(soma sema), 즉 그 무덤으로 나타났다.[2] 그러나 철학적으로 보면 이 구별은

---

1 고대 그리스의 밀교. 지하계(지옥)를 왕래한 시인 오르페우스가 개조다—옮긴이.

2 Platon, *Kratylos* 400 bc. 참고.

아낙사고라스Anaxagoras[3]의 가르침 가운데서 처음으로 중시되었다. 그는 정신(이성)이 육체적인 모든 것으로부터 독립해 있으며 그 우월성을 유일하게 질서지우고 움직이게 하는 원리라고 강조했다. 그러나 아낙사고라스에 있어서도, 그 이후의 사상가들에 있어서도 도대체 두 원리 사이의 관계가 문제로 제기된 적은 없었다. 즉 육체도, 정신도 존재하기는 마찬가지이며, 더욱이 양자가 **함께** 존재한다는 사실은 직접적인 경험의 사실로서 그 배후를 물을 수 없는 것이었다. 양자 사이의 빈틈이나 이로부터 귀결되는 인식론적 문제는 아직 제기되지 않았으며, 훨씬 후에, 즉 근대의 여명과 더불어 비로소 이 문제는 절실해지게 되었다.

소크라테스 이전의 사유에서는 경험 가운데 주어지는 것의 다수성과 대립성을 설명할 수 있는 세계의 시원적 통일 근거(원질, 아르케—옮긴이)에 대한 물음이 이와는 비교할 수 없을 정도로 중요한 것이었다. 여기서 대립성이란 결코 모순성과 동일시되어서는 안 된다. 대립적인 것이란 밀레토스의 자연철학자들에 있어서는 어디까지나 여전히 질서의 모습으로 가시화될 수 있었다. 질서란 그야말로 바로 상이한 것들을 함께 구성하는 어떤 방식인 것이다. 구별이 없는 곳에는

---

3 기원전 500~428. 이오니아 출신의 소크라테스 이전 철학자—옮긴이.

질서도 있을 수 없는 것이며, 질서가 없다면 모든 구별도 사라지는 것이다. 그런데 철학적 사유는 순수한 분리로는 결코 만족하지 못하는 법이며, 어떻게든 통일에 도달하고자 시도한다. 이것은 마우트너F. Mauthner가 가정하듯이[4], 합리적으로 정초할 수 없는, 생래生來적 사유의 통일 동경에 불과한지, 아니면 반대로 단적으로 결합할 수 없는 것 사이에는 그 어떤 양식의 관계도 존립할 수 없다는 합리주의적 확신인지도 모르겠다. 심지어 마니교(Manichäismus)[5]조차도 구원으로 파악되는, 이원론의 극복을 알고 있다.

헤시오드Hesiod[6]는 이미 혼돈으로부터 질서의 출현을 신화적으로 서술했다. 그러나 그는 혼돈을 통일 근거, 말하자면 다른 모든 것에 앞서는 최초의 것으로 파악하기는 했지만 모든 현실적인 것의 밑바탕에 있는 일자—者로 파악할 수는 없었다. 원π어머니 가이아, 즉 모든 존재의 확고한 근거, 그리고 결합하면서 창조하는 사랑의 힘은 그리스어 표현에 따르면, 혼돈**으로부터**가 아닌, 단지 혼돈 **이후에야** 발생한다. 아낙시만드로스Anaximandros에 있어서 비로소 상이한 것

---

4 F. Mauthner, *Wörterbuch der Philosophie*, München/Leibzig 1910, 102쪽 참고.
5 고대 페르시아의 영지주의 종교. 선한 영적 빛의 세계와 악한 물질적 세계의 투쟁을 가르침—옮긴이.
6 기원전 7세기 경 활동한 고대 그리스 서사시인—옮긴이.

을 함께 구성하는 것에 관한 물음과 하나의 공통한 원질原質 (arche)로부터 그것을 설명하는 일이 철학적 형식을 가정했던 것으로 보인다. 그의 **아페이론**Apeiron은 무한정자, 무규정자, 바로 그렇기 때문에 모든 질서와 대립들에 선행하는 것, 무질서하고 무대립적인 단조로움이다. 모든 대립들은 이로부터 계속해서 발생하고 다시금 거기로 돌아간다. 아낙시메네스Anaximenes의 **프노이마**Pneuma(공기, 정령, 기, 정신, 바람—옮긴이)는 이와 유사한 기능을 가진다. 물론 본질적인 차이점은 아낙시메네스에 있어서 일자는 더 이상 다자多者의 밑바탕에 있는 것이 아니라 다자 자체가 **존재한다**는 사실이다. 일자와 다자의 이 동일시는 통일성과 다수성 문제의 새로운 차원, 즉 존재하는 것과 그 현상의 구별을 잉태하고 있었다. 만일 다자가 사실상 일자라면, 그 존재 요구는 위협받게 되며, 그것은 단순한 환상으로 접근하게 된다. 그 결론은 파르메니데스Parmenides[7]의 불변의 존재와 모든 생성의 부정, 즉 더 이상 원질의 포괄적 통일이 아닌 유일자의 배타적인 환원적 통일을 대상으로 가진다는 가르침이다. 파르메니데스는 대립의 한 부분을 억제함으로써 존재와 생성 사이의 모순을 인식하고 그것을 해결하고자 노력했던 최초의 인물이

----

7 기원전 510~450년 경. 엘레아 학파의 대표자—옮긴이.

다. 다수성에 대항하는 결단이었던 그의 선택은 그 이후에
도 플라톤적인 이데아론의 길에 관한 철학에 계속적인 영향
을 끼쳤다고 보아야 한다.

소피스트 시대에 접어들어 마침내 인간과 그의 사유 그
리고 행위는 철학적 고찰의 영역에 도달했다. 플라톤은 자
연 가운데 있는 인간의 지위에 대한 물음에서 자연 고찰
과 인간 고찰을 합일시켰다. 자연의 영역으로서의 퓌지스
Physis(자연)와 인간 동아리의 영역으로서의 노모스Nomos(도
시)는 예리하게 분리되었다. 영원성과 변화, 존재와 생성,
통일성과 다수성, 총체성과 부분성 등 옛적의 대립들은 특
히 플라톤의 후기 대화편 가운데 다시금 등장하게 되고, 이
는 공공연한 문제로 다루어졌으며, 그리하여 다시금 의문
시되었다. 문제들은 보다 분명한 윤곽을 드러낸다. **파이노
메나이**phainomenai(현상)와 **이데아이**ideai(본질)를 분리시키는
가운데 최초로 앎(지식)이 문제로 제기되었으며, 인식 자체
가 도덕적 요구로 되었다. 앎은 목적이며 더 이상 철학적
토론의 출발점이 아니다. 그럼에도 불구하고 플라톤 역시
도 생성하는 물리적 세계에 진실성을 허용하지 않는다. 세
계는 인식의 요구에 대하여 부적합한 것으로 입증된다. 그
대신에 오직 정신에게만 제공되는 것이 본래적으로 존재하

는 것("ontos on")이라 이해된다. 그리하여 한편으로는 영혼과, 다른 한편으로는 물리적 자연과 정신의 존재론적 분리는 인식론적 보충의 과정을 겪게 된다. 그러나 이 보충은 철저하게 관철되지 못했다. 감각적 경험의 대상들은 흐릿하기는 하지만 여전히 이데아의 모상模像인 한에서, 관념론적 단절은 일어나지 않았으며, 따라서 근본 경향은 여전히 실재론적이다. 그러한 한에서 플라톤 역시도 어디까지나 실재론자이다.

계속되는 대립들은 다음과 같이 암시된다. 즉 어느 누구도 자의적으로 사악해지지는 않는다는 플라톤의 격언은 앎, 자유, 선善의 연관성을 강조한다. 자유는 오직 앎에 의해서만 가능하고, 앎은 언제나 선, 말하자면 인간이 행해야만 하는 것에 관한 앎이다. 그러므로 이데아 중 최고의 이데아이며 동시에 인식의 정점은 선의 이데아이다. 플라톤이 아직 보지 못하는 것 혹은 적어도 알기는 하면서도 고백하지 못하는 것은 악이 가지고 있는 생산적인 실재성과 잠재성, 그리고 물리적 필연성의 강제성이다. 양자는 훌륭히 현상의 영역에 속하는 것으로 보아야 하지만 바로 그렇기 때문에 플라톤이 소홀히 할 수밖에 없었으며, 따라서 문제의 성격을 얻지 못한다. 육체와 영혼은 새롭게 대립적 원리로 취급되며, 인간 전체로 볼 때, 영혼은 그 도구인 육체와 구별된다. 이로부터 영혼의 선재先在에 관한 피타고라스Phytagoras적인 가르침이 연역된다.

아리스토텔레스는 플라톤적 이원론의 원초적 전수에 따라 인간을 영혼-육체적 통일성으로 이해하도록 가르친다. 육체와 영혼을 가진 전체적 인간은 **하나의** 실체이고, 육체의 형상形相으로서의 영혼은 육체로부터 분리할 수 없으며, 동시에 육체와 더불어 발생하고 소멸한다. 현상과 이데아 및 존재와 생성은 아리스토텔레스의 철학에서 다시금 보다 긴밀하게 결합된다. 그러나 이후의 세기에 끼친 아리스토텔레스 철학의 영향은 미미하다. 신플라톤주의와 기독교는 다른 문제들에 주의를 기울인다. 통일성과 다수성의 문제는 신과 자아의 매개성의 문제로서의 개체성의 시각으로 되돌아간다.

이 문제와 대결하는 가운데 플로티누스Plotinus[8]는 개별화를 일자一者, 신적인 것이 단계적으로 스스로를 완수해 나가는 유출流出로 파악하는 유출설을 전개한다. 다자多者는 일자의 현상 형식이고, 개별 영혼은 세계 영혼에 참여한다. 물질은 신적인 것의 최하위 현상 형식이며, 악이다. 세계에서 악

---

8 204~270, 그리스 후기의 신플라톤주의자─옮긴이.

의 위력을 깨달았고, 그렇기에 젊은 시절 마니교에 강하게 이끌렸던 아우구스티누스Augustinus는 신플라톤주의의 영향 아래 악을 단순히 선의 결여라고 거의 무시해버리는 입장에 도달했다. 그럼에도 불구하고 선과 악 사이의 논쟁은 기독교철학적인 신학의 주요 대상들 가운데 하나였다. 악의 존재는 기독교적 신앙론에 대하여 필수적이고도 공공연한 것이었다. 모든 구원에는 타락이 전제되어야 하며, 악마가 없다면 그 누구도 신을 필요로 하지 않는다는 것이다.

그럼에도 불구하고 악이 곧바로 신적인 선이나 신적인 전능과 합치될 수는 없다. 그러나 신은 그의 의지를 거스를 아무 것도 없을 때, 즉 전능할 때 그리고 자기 스스로에 대하여 행위하지 않으면 인간에 대해서도 행위할 수 없을 경우에만 통일성에 대한 형이상학적 요구를 만족시킬 수 있다. 오직 사랑하는 신만이 통일성을 보증하는 신이기도 하다. 그리하여 후일 라이프니츠Leibniz의 **변신론**辯神論[9]에 이르기까지 부단히 문제의 해결을 확신하지도 못하면서 "인간에 앞선 신의 길을 정당화하고자"(밀턴) 했다. 이 문제와 긴밀하게 연결되는 것은 기독교 철학에 대하여 중대한 의미가 있는, 한편으로는 개별적인 인간의 자유 요청과 다른 편으로는 신

9 신이 정당함을 변호하는 이론—옮긴이.

적인 예정 요청이라는 대립이다. 이 모순 역시도 해결될 수 없었다. 우리는 이 모순이 근대에는 점차로 자유와 인과적 자연필연성 사이의 모순으로 변형됨을 발견한다.

16~17세기에 접어들어 자연과학의 급격한 부상浮上과 거듭되는 이른 바 자연 법칙의 발견은 점차 인간의 자기규정의 여지를 없앴다. 세계는 철저히 인과적으로 규정되는 것으로 드러났다. 그래서 결국은 신적인 지배도 필요 없게 되었다. 신은 한번 움직임으로써 절대적 필연성으로 틀림없이 완벽하게 최후의 날까지 돌아가도록 만들어 놓은, 세계라는 기계를 작동시켜 놓은 이상적인 시계공의 기능에 머물렀다. 과학의 목표는(그리고 많은 자연과학자들에 있어서 오늘날에 이르기까지) 모든 미래의 사건이 라플라스LaPlace의 정령精靈[10]처럼 확실하게 미리 예측될 수 있도록 주어진 것의 인식을 완벽하게 하는 것이었다. 인과 원리를 자연과학적으로 절대화하는 것은 더 이상 인간의 자유를 위한 여지를 허용하지 않았다. 그래서 스스로 움직이지 않고 불변하는, 존재하기 위해서 자기 자신 이외에 아무 것도 필요로 하지 않는 무생물적 물질이 자연과학적 연구의 유일한 대상으로 되었다. 모

---

10 프랑스 수학자인 라플라스의 설로 미래가 결정되어 있는지의 문제에서 가상의 존재로 상정되는 초월적 존재—옮긴이.

든 정신적인 것은 제거되었으며, 더 이상 자연적인 것의 일부가 아니었다.

육체와 정신이라는 두 원리 사이의 공백은 너무나 커져서 양자의 협력은 선행하는 어떠한 방식으로도 강단철학의 문제로 되지 않았다. **사유 실체**와 **연장 실체**라는 데카르트적인 세계의 양분화는 세계에 관한 그 어떤 인식을 허용하기 위해서 선의의 신을 가정하도록 요구했다. 라이프니츠는 제기되는 어려움을 극복하지도 못한 상태로 기계장치에서 나온 신(Deus ex machina)이라는 금기의 신으로써 이 걸음을 내디뎠다. 그 역시도 결국은 예정조화라는 형태의 신적인 매개 속으로 대피한다. 경험의 주체와 대상, 자아와 세계 사이에 성립하는 자연스러운 관계는 불가피하게 의문시되지 않을 수 없었으며, 일종의 인식론적 실재론이 어렵사리 유지될 따름이었다. 세계를 희생시키고 주체 속으로 떠밀려 들어가는 것은 이러한 조건 하에서는 어쩔 수 없는 사태 전개였다. 로크Locke의 경험주의는 먼저 사물로부터 제이第二성질을 제거해 버렸다. 로크의 이론을 철두철미 극복했다고 생각한 버클리Berkley는 제일第一성질마저도 박탈했으며, 적어도 로크 이래 의문시되어버린 실체 개념을 구석으로 밀쳐두고 신과의 직접적 대화를 위해서 실재적으로 존재하는 세계를 제거하게 되었다.

이제 버클리의 존재론적 관념론으로부터 직접 흄Hume의 회의주의에로, 그리고 흄으로부터 독일의 칸트Kant에 이르게 된다. 칸트 철학은 최종적으로 독일 관념론과 독일에서, 특히 20세기 초 미국에서 헤겔Hegel 체계의 승리를 위한 발판을 마련했다. 동시에 실증주의적 세계관은 점차 큰 의미를 획득하고 세계를 이해하고자 노력했던 철학 전통의 최후 잔재를 공략했다.

2) 통일성과 다수성 사이의 문제

철학사의 초기에 상이한 것의 공통성, 대립의 통일성에 대한 물음이 제기되었다. 이 물음이 2,500년간 만족스럽게 대답되지 못하도록 어렵게 만든 것은 통일성과 다수성 양자를 충돌 없이 분명하게 잘 양립시키지 못했다는 사실이다. 그래서 철학자들은 예로부터 난파당하지 않고 양 극단 사이를—대립을 부정하여 절대적으로 통일성을 정립하거나 아니면 통일성을 희생하는 대신 다수성을 구출하는— 통과하고자 시도했다. 그러나 그들은 대부분 이 일을 성취하지 못했다. 그들은 일원론 혹은 이원론, 아니면 철학의 불가피한, 무엇을 택해도 모두 나쁜 의미의 양자택일의 포로가 되었다. 반면에 범속한 인간 오성悟性은 문제 없이 노를 저어갈 수 있었다. 말하자면 철학자들에게 점점 커다란 수수께끼로 되었던 것, 점점 원천적인 소박함을 간직한 철학이 상실한 것은 언제나 다음과 같은 직접적 경험의 분명한 사실이었다. 말하자면 세계란 육체와 정신, 자유와 필연, 존재와 생성을 위한 충분한 여지를 가지는 질서정연한 전체라는 것이다. 이 전체에서 타자는 우리 자신이나 외부 세계의 경험이 정확히 현상하는 그대로 존재하는 것과 꼭 마찬가지로, 현실적으로 존재한다. 그런데 이것은 모든 사유의 밑바탕에 깔려 있는, 관계들의 실재성에 대한 소박하고도 가장 깊숙한 인간적인 신뢰 이외에 다른 것이 아니다.

발전하는 과학의 방법적 이원론이 중세적 실체형이상학과 결합한 17세기에 급부상했던, 철학 이론과 일상적 경험 현실 사이의 뚜렷한 모순은 우리 시대의 가장 복잡하고도 심오한 철학 체계의 출발점이다. 이 체계는 최근 분명히 주의력을 집중시키기는 했지만 오늘에 이르기까지 독일어권에서 그에 합당한 평가를 경험하지 못했다. 이 체계의 창시자는 화이트헤드A.N. Whitehead다.

3) 화이트헤드의 경력

화이트헤드는 1861년 영국의 이스트 켄트East Kent에서 출생했다. 그는 안정된 환경에서 성장했으며, 14세가 되기까지 집에서 영국 교회의, 전혀 감화받지 않은 사제자였던 아버지로부터 고전어와 기초 수학을 배웠다. 1875년 평범하고도, 그 자신이 말하듯이, "유감스러울 정도로 폭좁은" 학업을 도르지셔 주州에 있는 셔번 기숙사(Sherburne Internat in Dorsetshire)에서 조용히 계속한다. 이곳에서 처음으로 문학을 알게 되었고, 무엇보다도 수학과 럭비에서 두각을 나타냈으며[11], 그 밖에는 단지 그저 그러한 성적을 목표로 할 수 있었다. 1880년부터 1884년까지 캠브리지의 트리니티 칼리지에서 마지막으로[12] (당시에도 여전히 물리학 학부에 속했던) 수학을 공부했고, 후에 유명한 엘리트들의 (대변자로서 더 잘 알려진) **캠브리지 토론회**(Cambridge Conversazione Society)에서 학업 동료들과 정치적, 사회적, 철학적 문제들에 관해

---

11 후일 그는 럭비에서 넘어져보지 않은 사람은 현실이 무엇인지를 알지 못한다고 말하곤 했다.

12 하버드 대학의 화이트헤드 동료인 호킹은 이렇게 전한다. W.E. Hocking, "Whitehead as I Knew Him", 9쪽, in: G.L. Kline(Hg.), *Alfred North Whitehead. Essays on his Philosophy,* Englewood Cliffs, NJ, 1963, 7-17쪽.

서 토론했다. 1884년 트리니티 칼리지의 회원으로 임명되었다. 후에 학위 논문은 맥스월Maxwell의 **전자기**에 관하여 썼다. 1884년부터 1910년까지는 캠브리지에서 수학을 가르쳤고, 출간은 거의 하지 않았으며, 수학적 문제와 씨름하였다. 이 시기의 정점은 1910년부터 1913년까지 그의 제자인 버트런트 럿셀B. Russell과 공동 작업으로 이루어진, 그리고 그의 **수학원리**에 연관된 『수학원리』의 출간이었다.

화이트헤드가 학문적 업적을 성취한 새로운 시기는 1910년 그가 변화를 찾아, 그리고 그의 동료이자 친구인 포어스트A.R. Forsth가 캠브리지대학에서 강의 활동을 끝마치는 데 대한 언짢은 심정으로 고정직에 대한 전망도 없이 런던으로 이주했을 때 시작되었다. 1911년에는 마침내 1914년 런던공과대학의 응용수학과에 처음으로 교수직을 얻기까지 런던대학의 응용 수학강사로서 시원찮은 벌이를 하였다. 몇몇 협회에서의 공동 작업에 고무되어 점차 교육의 문제들과 대결하였다. 이 대결은 여러 가지 출간물을 내도록 하였다.(이는 1929년 『교육의 목적과 다른 논제들』로 집약된다.)

동시에 화이트헤드는 여러 작업에서 근대 자연과학의 밑바탕에 있는 모순들을 자연 개념의 새로운 파악을 시도하는 계기로 삼았다. 1920년의 『자연의 개념』에서는 자연과학의 모든 합리적 요구에 반하는(CN, 26/30 참고) 주관적 지각과 객관적 사실, 가상과 존재 등 "자연의 분열"에 거세게 저항한다. 이 저작과 이전의 다른 작업들(무엇보다도 1919년의 『자연적 지식의 원리에 대한 탐구』)의 목표는 오직 감각 경험 속에 주어진 것의 토대에서 통일적 이론을 전개하고, 자연과학의 대상과 방법을 순수한 기술記述의 영역을 벗어나지 않고 설명하는 데 있었다. 그러나 그는 후기 자연철학적 저술들에서와는 다르게, 여기서는 존재 자체의 본질을 이해하기 위해서 감각적으로 지각될 수 있는 소여성所與性의 배후로 후퇴하려는 시도는 하지 않는다. "자연의 가치들은 아마도 존재의 형이상학적 종합 명제에 이르는 열쇠일 것이다. 그러나 나는 그러한 종합 명제를 곧바로 추구하지는 않을 것이다. 우리에게 감각적 의식의 직접적 계시로서 인식되는 것을 존중하면서, 나는 전적으로 최대의 보편화에 관여하는 바이다."(CN, 8/5)

1924년, 의도적으로 태만히 했던 것을 만회할 수 있는 놀라운 기회가 찾아왔는데, 그것은 하버드대학의 철학과 교수직에 대한 제안이 온 것이었다. 이는 화이트헤드의 나이를 고려해 보더라도 당시로서는 희귀한 일이었다. 63세의 나이로 이 초빙을 받아들여 영국을 떠났다. 이로부터 일년 후인 1925년 보스턴에서 시행된 로웰 강의록(Lowell Lectures)이면서 그의 "유기체철학"(Organismische Philosophie)[13]을 전개하는 3부작 중의 첫 권인 『과학과 근대세계』(Science and the Modern World)(독일어판 1949, 1989년)가 출간되었다. 커다란 매출을 올린 이 저서가 출간됨으로써 특히 에딘버러대학은 1927년과 1928년에 화이트헤드에게 유명한 기퍼드Gifford 자연신학 강좌를 의뢰했으며, 이는 『과학과 근대세계』에서 전개된 사상을 계속적으로 발전시키고 체계화하는데 유용하였다. 그리하여 1929년에는 기퍼드강좌를 증보한 『과정과 실재, 우주론의 한 논제』(Process and Reality. An Essay in cosmology)(독일어판 1979년)가 뉴욕에서 출간될 수 있었다. 1933년에는 마지막으로 『과정과 실재』에 이어지는 관념사적인 연구 『관념의 모험』(Adventures of Ideas)(독일어판 1971년)이 나왔다. 이 세 저작에서 주로 전개된 형이상학적 체계의 서술은 아래에서 전개되는 이 책의 논의 과제이다.

화이트헤드는 공식적으로 1936년까지, 비공식적으로는 이보다 길게 교수 활동을 했다. 1941년 최후로 공개적으로

---

13 "유기체 철학" 개념의 번역은 A. Rust, *Die Organismische Kosmologie von Alfred North Whitehead*, Frankfurt/M. 1987에 나타난다. 이 번역은 "유기체의 철학"보다 표현의 의미에 더 잘 적중한다.

행한 강의는 **불멸성**이라는 제목을 달고 있었다. 이는 "정밀성이란 현기증 나는 것이다."라는 말로 끝맺었다.(ESP, 74) 그는 1947년 12월 30일 86세의 나이에 뇌출혈로 서거하였다. 그를 알고 있는, 그리고 그의 온화함과 친절함을 존중하는 많은 사람들에게 그의 서거 소식이 불러 온 분위기는 『미국 철학』 제2판에 그 저자인 뮐러G.E. Müller의 다음과 같은 말에 잘 나타난다. "1948년 초(!) 하버드대학 철학과 퇴임 교수 알프레드 노쓰 화이트헤드가 서거했다. 그와 더불어 모든 시대의 가장 유력한 사상가 중의 한 사람이 사라졌다. 그의 저작들에서 풍겨 나오는 정신—나는 그것을 그의 많은 제자들에게서도 발견했다—은 모든 것을 관통하는, 참으로 너그러운 친절함의 온화한 정신이다."[14]

4) 화이트헤드 형이상학의 요구

화이트헤드는 『과학과 근대세계』 서문에서 "철학의 한 가지 기능은 우주론의 비판이다. 그럴 때 중요한 것은 사물의 본성에 관한 다양한 직관들을 합치시키고, 변형시키며, 정당화시키는 것이다. 철학은 우주론적인 도식을 형성할 수

----

14 G.E. Müller, *Amerikanische Philosophie*, Stuttgart 1950, 183쪽.

있기 위해서 요소적인 표상에 대한 정확한 탐구와 전체 사실 자료의 보존이라는 입장을 고수해야 한다."(SMW, 7/VII 비교)고 쓴다. 또한 『과정과 실재』 서문에는 "이를 위해서는 미적, 도덕적, 종교적 관심을 자연과학 속에 그 기원을 가지는 세계에 관한 개념들과 결합시키는 관념들의 도식을 기획하는 완벽한 우주론의 동기 가운데 하나가 있어야 한다."(PR, 22/VI/XII)고 말한다. 그러므로 화이트헤드가 추구하는 "완벽한 우주론"은 사물의 본성과 관련하여 상이한 직관들을 통합하는 일뿐만이 아니라 이 직관들을 상이한 그대로 정당화하는 일이다. 인간의 경험에 대하여 대체로 접근가능한 모든 것은 그 전체에서, 말하자면 통일성과 다수성으로 파악될 수 있다. 이는 또한 인간의 미적, 윤리적, 종교적 경험들이 자연에 대한 하나의 보편적 이론으로, 그 안에서 질식하지 않고, 결합되어야 함을 뜻한다.

인간의 다양한 경험을 나타내는 고전적인 대립들을, 그것을 손상시키지 않은 채 지양止揚하는 것, 그리고 이를 통해서 극단적 일원성과 이원성 사이의 평형을 유지하는 것이 화이트헤드 우주론의 요구이다. 이 요구가 어느 정도까지 달성될 수 있는지, 그리고 도대체 정말 달성될 수 있기는 한 것인지 등에 관한 판단은 화이트헤드 독자들에게 맡겨두지 않으면 안 된다. 아래의 화이트헤드 입문은 화이트헤드 자신이 『과정과 실재』 제1장에서 한 체계의 적격성을 시험하기 위하여 요청한 규준들을 고려하는 데 한정된다. 이는 무모순성과 정합성(Kohärenz)의 체계내적인 조건들(즉 체계의 모든 성원간의 필연적인 관련성)과 도식 응용가능성, 그리고 그 적합성의 체계외적인 조건들(즉 체계 가운데 나타난 경험 구조가 가지는 모든 가능한 경험과의 관계 가능성)(PR 31/4f/3)이다. 서술은 철학사에 대하여 표준이 될 만한 것으로 드러난, 다른 장들에서 다루어지는 주체-대상, 존재-생성, 자유-필연, 가치성-사실성(Tatsächlichkeit) 등의 대립짝들에 따른다. 이에 앞서 화이트헤드의 방법론에 관한 한 장이 위치한다.

2
방법론

1) 사변 철학과 기술記述적 보편화

화이트헤드는 "철학적 구성의 참된 방법"이 "관념에 관한 최선의 가능한 도식을 기획하고 이 도식을 토대로 해서 확고하게 경험의 해석을 연구하는 데 있다."(PR, 26/X/XIV)고 말한다. 이 절차 방식을 화이트헤드는 **사변철학**이라 부른다. 그것은 한편으로 인간 이성의 유한성에 대한 통찰, 다른 편으로 자연질서의 현존과 그 원리적 인식 가능성에 대한 믿음에 기초를 두고 있다. 그것은 언제나 단순한 접근에만 머물게 된다는 사실을 알면서도 그때마다 경험 속에 주어질 수 있는 모든 것에 대한 보편적인, 최초의 원리들에 접근하려는 시도이다:

"철학자들은 이 형이상학적 근본 원리들을 결코 최종적으로 공식화하고자 희망할 수 없다. 통찰의 취약점과 언어의 접근불가능성은 극복하기 어렵도록 되어 있다. 말과 표현은 그 전통적인 용법에는 낯선 보편성의 정도를 보증해야 한다. 그리고 이 언어 요인이 전문 용어로서 확고한 의미를 가지고 있다고 하더라도, 그것은 어디까지나 속절없이 환상의 건너뛰기를 기대하는 은유로 남는다."(PR, 33/6/4)

그럼에도 불구하고 언어의 은유를 통한 인식이란 어디까지나 참된 것에 대한 직관적 파악으로서 가능하다: "그 자체로 인식될 수 없고 갑자기 떠오른 영감에 의해서 구속되지 않는 근본 원리란 없다."(위의 곳) 화이트헤드에 있어서 그럼에도 불구하고 성립하는 어려움의 원인은 무엇보다도 타자와 구별되는 것만이 의식에 도달한다는 식으로 되어 있는 경험의 구조이다. 그러나 오직 언제나 현존하지는 않는(때로는 현존하기도 하고, 때로는 현존하지 않기도 하는—옮긴이) 어떤 것만이 구별될 수 있다: "종종 우리는 코끼리를 보기도 하고 또 어떤 때는 보지 못하기도 한다. 그 결론은 한 마리의 코끼리는 현장에 있을 때 감지된다는 것이다."(PR, 33f./6/4) 가장 보편적인 원리들은 차이에 의해서는 인식될 수 없다. 늘

존재하는 것은 어디까지나 감지되지 않기 때문이다. 모든 "완고한 경험주의"는 이 문제에서 반드시 좌절하고야 만다.

데카르트 이래 형이상학적 중요성과 의심할 수 없음에 대한 규준으로서의 명석판명성에 대한 우선성을 화이트헤드는 근대 철학의 최대 오류라고 생각한다.(MT, 56) 다만 "정합성과 논리학의 요구에 의해서 제한되는 환상의 자유로운 유희"에 의해서만 이 어려움은 극복될 수 있다: "참된 연구 방법은 비행 궤도와도 같다. 그것은 개별적인 관찰의 토대에서 비상하고, 환상에 가득 찬 보편화의 엷은 대기에 의해서 비행하며, 합리적 해석에 의해서 날카로와진 새로운 관찰로 착륙한다."(위의 곳) 보편화가 출발하는 기반은 경험적이다, 즉 그것은 보편적인 인간 경험의 부분이어야만 한다. 이것을 적합하게 기술記述하고 그 타당성의 영역을 확장하여 이 기술이 모든 현실의 본질에 들어맞도록 하는 것이 방법의 목표이다.

사변의 성과를 시험하기 위한 가장 중요한 수단은 이 성과를 출발점의 피안에 있는 경험의 영역에 적용하는 일이다.(PR, 35/8/5) 또한 내적인 무모순성은 무조건적으로 추구되어야 한다는 것이다. 그러나 더 중요한 것은 정합성, 즉 "근본 원리들 간의 자의적인 무연관성"(PR, 35/8/6)을 피하는 일이다. 정합성은 합리성에 대한 요구를 드러내려는 모든 철학 체계에 대하여 불가피하다. 철학적 부정합성에 대한 역사적 사례들은 데카르트의 이원론과 스피노자가 말하는 유일 실체의 상태들이다.

정합성이 없다면 "세계의 명백한 유대성"(PR, 38/10/7)은 설명되지 않는다. 화이트헤드의 기술記述적 보편화 방법은 결코 경험에 의한 규제를 벗어나는 영역에 있는 성과없는 형이상학적 사변으로 나아가지 않고, 반대로 인간의 인식을 통행가능한 길로 확대하기 위하여 경험주의와 합리주의의 미덕을 합치시킨다: "사변적 대담성은 논리와 사실 앞에 절대적으로 겸손함으로써 완화되어야 한다."(PR, 56/25/17)

2) 의인관에 대한 비난

사변적 기획은 인간의 경험 가운데서 그 출발점을 잡는다. 이 경험은 그것으로써 전체 현실이 기술되어야 하는 모델이다. 그 이유는 인간의 경험이 자연 전체의 부분이라면, 그 경험 가운데 모든 현실에 대하여 본질적인 구조가 드러나야만 하기 때문이다:

✦ "[...] 인간의 체험을 완전히 자연의 밖에 설정하지 않으려면 불가피하게 인간의 체험을 기술하는 가운데 전혀 특수화되지 않은 자연 과정의 기술 가운데에도 드러나는 요인들을 추구하지 않을 수 없다. 만일 그러한 요인이 발견되지 않는다면, 인간의 체험에서 자연 내부에 있는 사실이 중요하다는 이해는 막연한 빈말에 의거한, 그 안락한 친숙함 이외에는 아무 것도 말하지 않는 기만에 지나지 않는다."(AI, 339/237)

화이트헤드 형이상학의 본래적 토대를 이루는 인간 경험의 이러한 보편화야말로 부단히 극심한 모순에 부딪힌다. 그래서 화이트헤드의 첫 번째이면서 아마도 가장 화해하기 어려운 적대자 중의 한 사람인 머피A.E. Murphy[15]는 화이트헤드가 "포괄적 낭만파 모방주의"에 대립하는, 자신의 초기 과학철학의 핵심 개념 중의 하나인 포괄적 추상화를 "반코페르니쿠스적 전회"와 바꿔치기했다고 조소한다.(Murphy 1929) 그는 화이트헤드에게 주관적으로 타당한 범주의 객관화가 곧 주관성의 객관화일 수 없으며, 그 속에 인간 경험의 특수한 속성들이 나타나는 한계를 무시한다고 항의한다. 머

---

15 1901~1962. 미국의 철학자—옮긴이.

피는 자연에 이르는 열쇠를 인간 경험의 구성물 속에서 찾으려는 시도를 과학적으로 미숙성한 전前코페르니쿠스적 시대로의 후퇴로 본다.[16] 그는 주로 후기의 논문에서 지금 제기된 경우와 마찬가지로 부정적 시각으로 강력하게 지적하기를, 인간적 재財를 인간 경험을 넘어서 적용할 경우 "그 독특성"을 위협할 위험이 있다고 하였다.[17]

그러므로 머피는 인간 실존의 특이성에 비추어 사변적 방법의 정초 작업을 불충분한 것으로 간주한다. 그러나 인간 경험 자체가, 머피가 전제하는 것과 같이 실제로 그렇게 독특한지의 여부는 그 자체로 입증을 요하는 문제다. 인간 경험 구조의 특이성이 어떻게 인간 경험 구조의 외부에 있는 입장을 받아들이려고 하는 경우와 달리 주장될 수 있겠는가. 이것은 불가능하다. 우리 경험의 기본적 계기들이 사실상 특이하다는 가정에 대해서는 그 계기들 속에 자연 일반의 근본 특징이 드러난다는 정반대의 가정에 대해서보다 오히려 작은 동인動因이 있다.[18] 이에 관해서는 인간중심주의

---

16 A.E. Murphy, The Anti-Copernican Revolution, in: *Journal of Philosophy* 26(1929), 281-199쪽 참고.

17 A.E. Murphy, "Whitehead and the Methode of Speculative Philosophy", in: P.A. Schilpp(Hg.), *The Philosophy of Alfred North Whithead*, New York 1941 참고.

18 이는 칸트도 알고 있었다. 그럼에도 불구하고 그는 자기 통찰의 귀결을 무시하기를 주저하지 않는다: "말하자면 ... 나의 영혼은 공간 속에 현재하는 양식으

를 향한 인간의 경향 이외에는 말해주는 것이 없다. 이를 가지고 머피는, 이 용어가 본질적으로 보다 적합하게 자기 자신의 입장과 관련지어질 수도 있을 것임에도 불구하고, 화이트헤드를 반코페르니쿠스주의라고 비난한다.[19] 인간중심주의의 철학적 악덕이 모든 철학에 대하여 필연적인 의인관擬人觀과 혼동되어서는 안 된다. 말하자면 세계의 이해란 우리의 느낌이 어떤 식으로든지 그 대상과 대응할 때에만 생각될 수 있다. 그래서 화이트헤드는 그저 단호하게 에밋D. Emmet[20]식으로 말한다면, "도대체 합리적 이해가 가능할 경

로 어떠한 물질의 요소와도 구별되고 오성의 힘은 내가 이 요소들에서 지각할 수 없을지도 모르는—물론 지각될 수도 있겠지만— 내적인 속성이기 때문에, 왜 나의 영혼이 물질을 이루는 실체들 중의 하나인가 하는 적당한 근거는 인용될 수 없다. ... 그런데 나의 영혼을 육체적 자연의 순수한 기본 재료와 구별시켜주는 본래적인 징표가 확실하게 인식될 수는 없을 것이다. ..."(Träume eines Geistersehers, A 24/25)

19 Ch. Hartshorne, "Physics and Psychis. The Place of Mind in Nature", in: J.B. Cobb/D.R. Griffin(Hg.), *Mind in Nature. Essays on the Interface of Science and Philosophy*, Washington, D. C., 1977, 94쪽: "나는 의인관의 임무가 역전될 수 있다고 믿는다. 어떤 특이한 인간의 형태 혹은 특이한 포유류나 동물의 형태를 제외한다면, 자연이란 모두 영혼적 특성을 결여하고 있다고 말하는 사람들은 실은 세계 안에 있는 인간이나 인간과 유사한 피조물의 역할을 과장하고 있는 셈이다. 그들은 우리 종족의 피조물이 정신을 자연 속에 개입시킨다고 말한다. 우리와 우리의 종족을 제외하고는 그 어떠한 존재도 본질적인 생명과 느낌, 가치 등의 그 무엇도 가지고 있지 않다는 것이다. 이는 우리의 혹성이 우주의 중심에 있다는 생각과 같은 부류가 아닌가?"

20 1904~2004. 영국의 소위 주현절 철학자(Epiphany philosophers)의 일원— 옮긴이.

우, 우리 속에 있는 로고스는 사물 속에 있는 로고스와 유사함에 틀림이 없다는 플라톤의 원리"[21]를 추종한다. 이 원리는 인식 일반의 가능성의 조건일 뿐만 아니라, 인간 경험의 원칙적인 독특성에 관한 모든 학설보다 일반적으로 받아들여지는 진화론의 근본 사상에 잘 들어맞는다: "인간은 한 걸음 한 걸음 가장 낮은 생명 형식으로부터 발전해 왔으며, 그렇기 때문에 모든 생명 형식들에 적용할 수 있는 개념에 의해서 설명되지 않으면 안 된다."(FR, 15/11)

3) 인간 의식과 언어적 완전성

그러한 의인관의 본래적인 문제는 현실 일반의 근본 구조가 인간의 경험 안에서 추구되어야 한다는 것이 아니라 잘못된 구조가 드물지 않게 기초적인 것으로 받아들여진다는 점에 있다. 그러므로 화이트헤드가 바로 인간 경험의 두드러진 특징들을 모든 자연에 고유한 특징이라고 주장하고자 했다면, 그의 착안점은 분명 잘못된 것일지도 모른다. 그러기에 자의식의 명료성은 아마도 다른 동물들과 우리를 가장 강력하게 구별지어 주지만, 그렇다고 우리 체험의 가장 커다

---

21 D. Emmet, *Whitehead's Philosophiy of Organism*, London 1932, 53쪽.

란 부분이 결코 사상적인 의식성에 도달하는 것은 아니다:

> ✣ "인간의 본성은 그 현저한 우발적 속성의 개념으로 서술되
> 지 그 실존적 본질에 따라 서술되지는 않는다. 인간 본성의
> 서술은 태어나지 않은 태아에게나 요람 속의 갓난이에게,
> 그리고 수면 상태에, 전혀 의식에 저촉되지 않는 광범한 느
> 낌의 배후에 적용할 수 있지 않으면 안 된다. 분명하고 의
> 식적인 인식은 인간 존재의 부수 상태일 뿐이다. 이것은 우
> 리를 인간적으로 만든다. 그러나 이것은 우리 실존에 의거
> 하는 것은 아니다. 그것은 인간적인 것의 본질에 속한다.
> 그러나 이는 단지 우리 실존의 부수 상태일 뿐이다."(MT,
> 115f.)

실존 일반의 본질이 밝혀질 수 있기 위해서는 어떠한 경
험의 방식도 연구에서 배제하지 않는 것이 필요하다. 냉정
하고 오성悟性에 의해서 지지받는 깨어있는 의식만이 아니
라 술취하고 피곤하고 행복해하며 슬퍼하는 의식, 정상적인
의식, 비정상적인 의식 등, 한마디로 인간 경험의 모든 상태
들이 고려의 대상으로 되어야 한다.(AI, 402/291) 그러므로 사
변 철학의 최초 단계는 대표적으로 현실 경험의 전체성을

입증할 다양한 양식의 자료들을 함께 담지하는 일이다: "철학은 아무 것도 배제해서는 안 된다. 그러므로 철학은 결코 체계화로써 시작되어서는 안 된다. 그 최초의 단계는 수집이라고 할 수 있을 것이다."(MT, 2)

그런데 발달된 인간 의식은 그 본성상 선택적이다. 의식은 경험 현실의 총체성으로부터 유리되고 또 그렇게 하여 기초적인 것에 대한 시각을 표상하는 중요성을 획득함으로써 대상을 제한하기도 하고 또 배제하기도 한다: "우리는 환경에서 지배적인 활동을 자연 가운데서 관찰한다는 근거 없는 믿음을 가진다. 그러나 이는 정반대이다."(MT, 29) 그러므로 다시금 구체적인 것을 지향하고 "선택에 의해서 손상된 총체성을 발견해내는 것은 철학의 가장 긴급한 과제이다."(PR, 52/22/15 참고) 직관과 "불확정적으로 세분화되었으면서도 모든 합리성의 기초인 직접적 통찰"은 의식된 내성적인 분석의 제약을 벗어나 복합적 실존의 구체성을 포괄하며, 그렇게 해서 구별되는 징표들의 누락으로 인해서 은폐될 수도 있을 것으로 나아가는 통로를 열어놓는다.

그렇게 경험된 것의 종합과 보편화를 가로막는 주된 어려움은 그 표현의 매체 자체, 즉 육화된 의식과도 같은 언어이다: "언어는 우연적 요인들의 우연적 국면을 '명백하게' 표

현하기 위해서 발전되었다."(ESP, 93) 그러므로 기존의 언어는 실존의 본질을 불충분하게 혹은 전혀 기술하지 못한다. 그 이유는 언어의 목적은 무엇보다도 화용론적話用論的(실용주의적)이기 때문이다: "언어의 본질은 가장 손쉽게 의식적 파악에 대하여 추상화될 수 있고, 다시 경험 속으로 삽입될 수 있는 경험의 요소들에 기여하는 일이다."(MT, 34) 또한 분명한 의식이 전체 경험의 스펙트럼을 파악할 수 없는 것과 마찬가지로, 언어도 전통적인 의미 구조를 가지고서는 사상의 전체적 차원을 파악하고 표현할 수 없다. 만일 그렇지 않다면, 사상이 의식의 언어적 형식 그 이상도 이하도 아니라면, 다른 언어나 어법으로 번역하는 일은, 그것이 좀 거친 것은 차치하더라도, 도대체 불가능할 것이다: "문장이 사상이라면, 다른 문장은 다른 사상일 것이다."(MT, 35)

그렇다고 언어와 사상의 원리적인 불일치에 대한 통찰이 언어 일반에 대한 포기로 이어질 수는 없다: "언어가 없다면 사상의 보전, 사상의 가벼운 재현, 고도의 복잡성을 지닌 사상을 연결하는 일, 사상의 교환 등이 거의 제한될 것이다."(위의 곳) 언어 없는 사유가 가능하지는 않지만 사유가 언어로 다하여진다고 믿는 것도 동의하기 어려운 오류이다: "사상은 엄청나게 파격적인 방식의 흥분이다. 사상은 연못 속에

던져진 돌멩이와 같이 우리 존재의 전체 표면을 흥분으로 몰아넣는다."(MT, 36) 이 모든 사실로부터 귀결되는 것은 직관으로부터 탄생한 사상은 자신에 적합한 형식을, 미리 주어진 언어의 형식을 발견하지 못할 경우, 스스로 만들어내지 않으면 안 된다는 것이다. 많은 개념들은 그 선택적 기능에 의해서 심층에 있는, 즉 전체 현실에 대하여 보다 기초에 있는 사태를 베일에 가리게끔 일정한 분야의 구문론적이고 의미론적인 관련을 맺고 있다. 이 개념들은 정의定義를 통해 보충하거나 아니면 그 정의에 따라 그 원천적 내포의 일부를 보존하도록 새로운 관련 분야에 짜맞추어진 다른 개념으로 대체해야 한다. 여기서 한 개념의 의식적, 표현적 정의와 그 내재적 내포, 그리고 완전히 새로운 창조가 가지는, 노력을 기울이지 않은 공허한 의미와 사용된 개념 관계가 가지는 뜻하지 않은 의미의 부담 사이의 올바른 척도를 발견하는 일이 중요하다.

화이트헤드에 의하면, 언어의 변형은 철학의 진보를 위해서 필수적이다. 말하자면 그것은 바로 개념성과 사유의 강한 상호 의존성 때문이다: "똑바로 진행하는 언어 방식의 도움으로 언제나 단지 현재 지배적인 학파와 그 승인된 변형의 학설들만이 표현될 수 있다. [...] 응용된 신조어들에 대한 노골적인 항변에서는 더 이상 그 항변자들의 무의식적인 독단에 대한 척도 그 이상을 볼 수 없다."(AI, 415/301) 다시 한 번 지적될 수 있는 것은, 언어의 원칙적인 불완전성은 언어적 변형에 의해서도 극복될 수 없다는 것이다: 언어의 불완전성은 어디까지나 은유이며, 그 의미는 결국은 언제나 오직 "표상력의 비약"에 의해서 파악될 수 있다: "그러나 불완전하지 않은 언어란 존재하지 않기 때문에 직접적 경험을 위한 그 중요성에 비추어 그 의미를 이해하기 위해서는 환상이 가지는 초월성이 추가되지 않으면 안 된다."(PR, 49/20/13)

화이트헤드의 언어 철학적 착상은 다음과 같은 귀결에 도달한다. 즉 체계의 개념성은 종종 분명 수많은 이해의 어려움을 수반한다. 그러므로 화이트헤드의 철학은 종종 말 몇 마디로 경시되기도 하고, 이해할 수 없는 것으로 설명되기도 한다. 그래서 예컨대 휴즈P. Hughes[22]는 모종의 불쾌감을 가지고 화이트헤드의 "비의적 용어"[23]에 관하여 말하고, 어번W.M. Urban[24]은 화이트헤드 언어의 "기초적인 불가해성"에

---

22 1872~1952. 미국의 철학자—옮긴이.

23 P. Hughes, "Is Whitehead's Psychology Adequate?", in: Schllip, 위의 책, 295쪽.

24 1873~1952. 미국의 언어철학자로 캇시러의 영향을 받음—옮긴이.

관하여 쇼펜하우어를 연상케 하는 관용스럽지 못함이라고 확신한다.[25] 어번의 비판은 다음과 같은 의혹에서 정점에 도달한다. 즉 "이러한 언어적 불가해성의 배후에는 보다 기본적인 철학적 불가해성"이 있다는 것이다. 이 비난은 우리가 이 책의 진행 과정에서 더 상세히 다루지 않으면 안 될 것이다. 그러나 화이트헤드의 전기 작가이면서 그의 제자인 로우V. Lowe 역시도 "세상에서 정말 새로운 철학을 읽는 것처럼 어려운 일은 없다"[26]고 말했을 때, 이는 진정 과히 틀리지 않은 말일 것이다.

---

25 W.M. Urban, "Whitehead's Philosophy of Language", in: Schlipp, 위의 책, 322쪽 참고. 『이성의 기능』의 번역자인 뵙저(E. Bubser) 마저도 이해의 문제점을 가지는 것으로 보인다. 그래서 그는 독일어판 후기後記에서 『과정과 실재』는 "거의 읽어내기 어려운 책"(FR, 75)이라고 썼다.

26 V. Lowe, *Understanding Whitehead*(1962), Boltimore 1966, 16쪽.

3
주체와 대상

경험 가운데 주어진 것의 가장 보편적인 계기는 경험 자체의 형식이다. 유일하게 우리에게 직접적으로 알려진 존재의 견본은 우리들 자신이며, 이 존재란 언제나 경험하는 존재이기 때문에, 만일 어떤 것이 도대체 존재라는 술어 아래에 표상表象되어야 한다면, 존재의 가장 보편적인 징표로서 경험 자체라고 하지 않을 수 없다. 그러기에 화이트헤드에게는 버클리Berkley의 문맥에서 "있음이란 지각됨이다."라는 명제가 타당하다.

그렇다고 화이트헤드가 페히너Fechner[27]처럼 자연의 보편적 영성을 가르치는 범심리주의자라는 뜻은 아니다. 공허한

27 G. Fechner. 1801~1887. 독일의 심리학자, 철학자——옮긴이.

현실("vacuous actuality")(PR, 75/43-29)을 취하는 근대 자연과학적 태도는 그에게는 토대를 상실한 것으로 나타난다. 달리 말해서, 그는 아무런 세계 경험도 없는 존재가 자명한 개념이라거나 혹은 무엇인가를 설명할 수 있을 것이라는 가정에 대하여 이렇게 반발한다. 즉 "[...] 죽은 자연은 어떠한 근거도 제공할 수 없다."(MT, 135) 여기서 세계 경험이란 우선 개별적인 존재와 구별되는 세계가 이 개별존재와 맺는 원칙적인 관계를 뜻한다. 이는 내적인 관계들의 실재를 뜻하며, 따라서 개별적 존재의 불변의 관계성을 말한다. 그리하여 화이트헤드의 존재론은 데카르트의 실체 형이상학에 대한 철저한 거부이며 동시에 근대와 현대의 주요 조류를 이루는 철학의 발전에 대한 그 결정적인 영향력을 중단시키려는 시도이다.

데카르트가 말하듯이[28], "자기 자신 이외에 아무 것도 필요로 하지 않는 존재"라는 존재 개념(실체 개념—옮긴이)은 화이트헤드에 있어서 바로 이 개념으로써 합리주의 철학의 두 가지 근본 원칙 중의 하나인 정합성(Kohärenz)이 왜곡된다는 이유만으로도 벌써 받아들일 수 없는 것이다. 화이트헤드의 하버드대학 동료인 스티븐 호킹W.E. Hocking은 적확하

---

28 R. Descartes, Principia Philosopae I, 51: "Per substantiam nihil aliud intelligere possumus, quam rem quae ita exist, ut nulla alia re indigeat ad existendum."

게 화이트헤드의 철학 체계에 있어서 실체 개념의 위치를 다음과 같은 성격을 가지는 것으로 나타낸다. "하나의 기술 記述로서의 기술 형이상학은 다음과 같은 예술가적인 시도 이다. 즉 세계란 기술 형이상학의 모델이다. 그러나 모든 위 대한 예술가는 모종의 반란자적인 성격을 갖는다. 그리고 모든 반란은 그 악마를 가지지 않을 수 없다. [...] 예컨대 아 리스토텔레스의 제일 실체론과 같은 것이 그러하다. [...] 실 체라는 악령은 다음과 같이 사탄과 동일한 오류를 저지른 다. 즉 실체라는 악령은 자기 자신으로서 충분하다는 것이 다."[29]

혹시 하이데거Heidegger의 현존재 분석에서 드러나는 세 계-내-존재[30]가 화이트헤드에 대해서 모든 존재자에 대한 보편적 타당성을 가진다고 말할 수 있을지도 모르겠다. 존 재는 세계-내-존재이며, 그 자체로 세계 경험인 것이다. 이 개념 가운데에는 실체 개념이 들어설 자리가 없다. 실체 개 념은 유기체 개념으로 대치된다. 그러므로 화이트헤드의 세 계를 이루는 질료란 아마 경험들의 유기적 그물, 즉 "경험의 물방울"(W. James)이라는 말로서 가장 적합하게 묘사될 수

---

29 W.E. Hocking, Mind and Nature, in: Schlipp, a.a.O. 387쪽.
30 인간은 환경세계와 깊은 관련을 맺는다는 뜻—옮긴이.

있을 것이다. "우리는 자연 존재의 최후 통일체라는 사건으로부터 출발하지 않으면 안 된다. 하나의 사건이란 모든 존재하는 것들, 특히 다른 모든 사건들과 관련을 맺는다. [...] 그러므로 유기체의 상호작용이라는 개념도 유기체의 개념에 속한다."(SMW, 125f./103)

화이트헤드에 대한 이차 문헌들 가운데는 그가 유기체를 어떻게 이해했는가 하는 분명한 정의가 포함되어 있는데, 예컨대 페츠Fetz는 "하나의 '유기체'란 구성적으로 다른 통일체와 관련을 맺고 있는 하나의 개별적인 통일체."[31]라고 정의한다. 그리하여 현실성의 이 기본 요소라는 존재는 구성적으로 관련된 존재, 즉 경험이라고 규정된다. 그러한 토대에서 도달하는 형이상학적 구조물을 화이트헤드는 **유기체철학**("the philosophy of organism")이라 부른다. 그런데 경험 자체는 "현실적 개별존재들"("actual entities")이다. **"현실적 개별존재—현실적 사건**이라고도 한다—는 세계를 구성하는 최후의 실재적인 것이다. 우리는 어떤 실재적인 것을 발견하기 위해서 현실적 개별존재의 배후로 후퇴할 수 없다."

(PR, 58/27/18)

----

31 R.L. Fetz, Whitehead. Prozessdenken und Substanzmetaphyphysik, Freiburg/ München 1981, 79쪽.'

2) 현실적 개별존재들

현실적 개별존재들은 우주의 토대다. 그 밖에는 단지 그 구성 요소로서도 존재하는 것은 아무 것도 없다. 현실적 개별존재들은 그 강도와 기능의 관점에서 서로 구별된다. 그러나 그 존재 규정의 동등성에서 보면 동일하다. "신은 허공 속에 놓여 있는 하찮은 먼지와 꼭 마찬가지로 하나의 현실적 개별존재이다."(PR, 58/28/18) 나의 의식은 이 구체적 순간에 현실적 개별존재지만 나 자신이 시공 속에 존재하는 한에서는 현실적 개별존재가 아니다. 인간은 역사적 삶의 노선으로서도, 육체적 존재로서도 현실적 개별존재가 아니다. 현실적 개별존재들은 원자적이다. 현실적 개별존재들에 있어서는 선후가 없으며 전통적 의미에서의 공간적 연장延長 또한 없다.(PR, 87/53/35) 그럼에도 불구하고 현실적 개별존재들은 그 자체가 시간 가운데 나타나지 않는 생성의 과정이다. 시간적 연장과 공간적 연장은 이 생성의 결과이지 그 전제가 아니다. "물론 지속의 생성이 있기는 하지만 생성의 지속이란 없다. 현실적 사건들은 생성하는 피조물이다. 그것은 지속적으로 연장된 세계를 정초한다."(위의 곳)

현실적 개별존재들의 원자성은 그 본질의 관계성을 배제

하지 않는다. 존재하는 그대로의 현실적 개별존재들은 전체 우주의 종합이며, 이러한 관점에서 라이프니츠의 형이상학적 점과도 같다.[32] "각각의 원자는 모든 사물의 체계이다."(위의 곳) 현실적 개별존재들이란, 벨커M. Welker의 말을 빌리면, "세계중신화"[33]이다. 현실적 개별존재들은 무수한 "파악" (prehension)으로 분석될 수 있다. 이 파악이란 모두 그 자체로 현실적 개별존재들의 본질적 성격을 갖는다.(PR, 59/28/19 비교) 그러나 파악 자체는—"모종의 불완전성으로 인하여"—현실적 개별존재들이 아니다.(PR, 59/29/19)

"파악"이란 용어는 영어에서는 신조어이며, 명백히 의식적 지각을 뜻하는 "이해"(apprehension)와 대립되는 개념으로 기획된 것이다. 파악이란 독일어에서 아마도 "Erfassungen"으로 가장 적합하게 번역될 수 있을 터인데, 반드시 의식된 지각으로 이해될 수 있는 것은 아니다. 즉 이 용어는 의식적 지각에도, 무의식적 지각에도 관계된다. "'지각'(percive) 이란 말에는 일상용어에서 점차로 인지적 파악(cognitive

----

32 "존재하는 것이라곤 오직 실체적 원자뿐이다. ... 우리는 그것을 형이상학적 점이라고 부를 수 있을 것이다. 그것은 살아있는 무엇이며 일종의 지각이다. 그리고 형이상학적 점이란 우주를 표현하기 위한 관점이다."(G.W. Leibniz, *Philosophischen Schriften*, hrsg. von H.H. Holz, Bd. 1, Darmstadt 1965, 215쪽)

33 M. Welker, Whitehead's Vergottung der Welt, in: H.H. Holz/E. Wolf-Gazo, *Whitehead und der Prozssbegriff*, Freiburg/München 1984, 249-272쪽.

apprehension)이라는 표상이 함께 덧붙여진다. 그리고 이것은 '인지적'이라는 형용사 없이 '파악'이라는 말에도 이미 타당하다. 나는 '파악'(prehension)이라는 용어를 인지적이지 않은 의미의 파악에 적용할 것이다. 이는 인지적일 수도 있고 아닐 수도 있는 파악이라는 뜻이다."(SNW, 86f./69)

현실적 개별존재들은 스스로 파악한 모든 것들의 종합인데, 현실적 개별존재들 각자는 자신의 "현실적 세계"(actual world)의 다른 현실적 개별존재와 관련을 맺는다. 그것들은 모두가 함께 모든 현실적 개별존재 전체를 "파악한다"(prehend). 그러한 한에서 현실적 개별존재들은 그때마다의 구성적인 현실적 개별존재들이 생겨나는 데에 필수적이다. 즉 현실적 개별존재들은 현실적 세계에 귀속된다. 각 종합은 하나의 현실적 개별존재가 생겨나는 하나의 과정이고, 또한 그 자체로 하나의 "합생"(concrescence)이며, 다양한 세계가 하나로 되면서 동시에 계속해서 피조물들이 증가하는 것이기도 하다. 세계는 말하자면 현실적 개별존재들이 계속해서 새롭게 생성, 소멸하는 가운데 존재한다:

"기본적인 형이상학적 원리는 분리성이 통합성으로 나아가는 것이다. 그럴 때에 분리된 개별존재와 구별되는 하나의 새로운 개별존재가 창조된다. 새로운 개별존재는 동시에 자신이 남겨놓은 '다수의' 개별존재들의 공통성을 구체화한다. 이 새로운 개별존재는 자신을 종합해 주는 다수의 개별존재들과는 분리되어 있다. 다수의 개별존재들은 하나가 되고 또한 이 하나로 인하여 증가된다."(PR, 62f./32/21)

말하자면 하나의 현실적 개별존재는 자신의 경험을 이루는 불변의 토대는 아니다. 현실적 개별존재는 자신의 경험에 대해서 아무런 시간적 우위성도 가지지 않는다. 자신의 경험이란 현실적 개별존재에게는 우연적이 아니라 본질적이기 때문이다: "[...] 하나의 현실적 개별존재가 **어떻게 생성되는가** 하는 것은 이 현실적 개별존재가 **무엇인가** 하는 것을 설명한다."(PR, 66/34/23) 그러한 한에서 하나의 현실적 개별존재는 결코 주체(거기서 어떤 것이 생기生起하는 그것으로서)이기만 한 것이 아니라 언제나 "초월체(Superjekt)"(생기生起의 사건으로서)이기도 하다:

⚜ "변화의 불변적 주체라는 현실적 개별존재의 개념을 완전히 포기하는 일이 유기체철학의 형이상학적 교설에 있어서는 매우 중요하다. 현실적 개별존재는 동시에 경험하는 주

체이며, 자신의 경험의 초월체이다. 그것은 주체-초월체이며, 단 한 순간도 이 가운데 어느 한 측면을 도외시해서는 안 된다."^(PR, 76/43/29)

이로부터 현실적 개별존재의 개념에서 일종의 낯선 관련성이 중요하다는 사실이 밝혀진다. 그러므로 현실적 개별존재는 원래 일정한 장소와 시간을 취한다고는 말할 수 없다. "어떤 의미로는 모든 것은 언제나 그리고 도처에 존재한다. 모든 정위定位(Lokalisierung)는 다른 모든 정위 가운데에서 자신의 한 측면을 포함하기 때문이다. 그러므로 모든 시공적인 입장立場은 전체 세계를 비추는 하나의 거울이다."
(SMW, 112/91)

3) 단순정위

화이트헤드에 의하면 오직 매우 추상적인, 즉 일정한 적용범위에서만 필연적인, 개략적으로 단순화하는 현실의 본질특징을 나타내는 개념을 현실에 대한 적합하고도 포괄적인 서술로 간주하는 것이 근세 형이상학의 특징이다. 화이트헤드는 이것을 "잘못 놓인 구체성의 오류"(fallacy of

misplaced concreteness)라고 부른다. 이러한 오류의 한 예는
"단순정위의 오류"(fallcy of simple location)이다:

🔹 "나는 단순정위를 시간과 공간에 같은 정도로 관계하는
   주요 특성이라고 이해한다. [...] 시간과 공간의 공통 성격
   은 모든 물질에 관하여 그것이 공간의 **여기에** 그리고 시간
   의 **여기에** 혹은 시공의 **여기에** 존재한다고 말할 수 있다
   는 데 성립한다. 그럴 때에 이 질서는 시공의 다른 영역으로
   환원시켜 설명해서는 안 되는, 완전히 확실한 의미를 가진
   다."(SMW, 64/49)

단순정위의 개념은 우리의 직접적인 현실 경험이 보여주
는 것에는 들어맞지 않는 물질의 "자족성"(self-sufficiency)
을 포함한다[34]: "[...] 단순정위라는 관념은 [...] 17세기의 전

----

[34] 이 문맥에서 매우 흥미로운 비교가능성을 제공하는 것은 현존재(Dasein)에 대
한 하이데거의 해명이다. 그러나 그들의 철학적 요구의 모든 차별성에도 불구
하고 두 사상가는 다음과 같은 점에서 일치한다. 즉 그들은 단순정위의 원리
를 인간 경험의 서술로서 받아들인다. 그래서 하이데거는『존재와 시간』에서
다음과 같이 쓴다: "현존재는 그 공간성에서 보면 우선 여기가 아니라 거기에
있다. 그리고 그 거기로부터 여기로 후퇴하는데, 이 반복은 오직 현존재가 자
신의 염려하는 존재를 ... 거기현전함으로부터 해석하는 방식으로 그러하다."
(M. Heidegger, *Sein und Zeit*(1927), Tübingen 1979, 107쪽) 하이데거와 화이
트헤드의 사유 사이의 평행과 차이에 관한 확신에 찬 한 연구는, 양자를 이렇
게 비교하는 것이 자의적일 수도 있다는 점은 차치하고라도, 슈락이 쓴 Calvin

체적 자연도식의 밑바탕에 깔려 있다. 이 관념이 없다면 자연도식은 아무런 발언력도 없다. 나의 논법은 우리가 직접적인 경험에서 파악하는 바와 같이 자연의 기본적인 요소 중에는 단순정위의 이러한 속성을 나타내는 아무 것도 존재하지 않는다는 점에 성립한다."(SMW, 74/58)

그럼에도 불구하고 이 개념을 일반적으로 수용하는 데 대한 원인은 추상적인 지성이 분명하고도 철저하게 규정된 사실들에 의존하기 때문이다. 만일 내가 하나의 사물에 관하여 의미있게 말하고자 한다면, 그것을 분리시켜 관찰할 수 있어야 할 것이고, 또한 이를 위해서는 동시에 그 윤곽을 전체 현실의 문맥으로부터 잘라내지 않으면 안 된다. 그러므로 내가 한 대상에 대하여 규정하는 한계들은 머지 않아 나에게 나타나는 바와 같이 그렇게 절대적이지는 않게 된다. 무한성으로부터 후퇴하는 인간의 지성은 현실 자체가 아니다. 오류는 오성의 규칙을 형이상학적인 법칙이라 생각할 때에 발생한다. 그렇게 되면 우리는 규칙의 허용된 적용 범위를 벗어나서 부지중에 신화의 영역으로 들어선다: "개별적으로 고립된 사실이란 유한한 사유, 즉 총체성을 포괄

O. Schrag, Whitehead and Heidegger. Process Philosophy and Existential Philosophy, in: *Dialectica* 13(1959), 42-54쪽이다.

할 수 없는 사유에게 기본적으로 요구되는 신화이다. 이러한 신화적 성격이 생겨나는 이유는 그러한 사실이 존재하지 않기 때문이다. 결합성은 모든 종류의 사물에 본질적이다." (MT, 9) 화이트헤드로 하여금 "결합성"(connectedness)에 대한 원리적 보편화에 이르도록 한 것은 개인적인 애호만이 아니라 오히려 그의 합리주의적 요구이다. 단순정위는 존재론적 사실로 이해하면 철학과 학문을 불가피하게 모순에 이르도록 한다. 만일 과거가 어떠한 식으로든 현재 속에 존재하지 않는다면 내가 어제, 아니 심지어 일초 전에 한 행위를 기억하는 일이 어떻게 가능하단 말인가? 그리고 이러한 가정 하에 도대체 어떻게 인과성, 즉 현재가 미래에 영향을 미치는 (혹은 과거가 현재에 영향을 미치는) 일이 생각되거나 설명될 수 있단 말인가?[35] 모든 현실 경험 역시 미스테리로 되는데, 그 이유는 단순정위의 모델은 어떤 것이 동시에 나의 밖과 안에 존재할 수도 있는지를 예측할 수 없기 때문이다.

----

35 이 물음에 대한 일종의 범주적 답변은 카펙(M. Capek)이 자신의 논문인 "Simple Location and Fragmentation of Reality, in: W.L. Reese/E. Freeman(Hg.), *Process and Divinity. The Hartshorne Festschrift,* La Salle, Illionis, 1964, 87쪽에서 다음과 같이 하고 있다: "만일 이것이 참이라면 과거가 현재에 영향을 미치는 일도 전혀 불가능할 것이다. 결론적으로 인과성도 기억도 전혀 불가능하게 된다. 이것은 최소한 우리가 그것을 시간에 적용할 때에 단순정위의 원리가 요구하는 것이다. 즉 과거의 사건은 과거의 사건이고 현재의 사건은 현재의 사건이며, 양자는 상호외적이다[...]"

이것은 이미 데카르트에 있어서 인간에게 (인간의 밖에 존재하는) 세계의 실재성과 같이 직접적으로 확실한 어떤 것이 불필요하게 구성된 간접적 증명을 요구할 때에 생겨나는 성가신 철학적 아포리아(길 없음, 난문)의 징표이다. 이 증명이 전제로 하는 것은 신의 본질과 작용에 관한 앎 이외의 다른 것이 아니다. 데카르트의 의견에 동의하여 신은 꾀 많은 사기꾼이 아니라는 사실을 가정한다고 하더라도, 혹은 라이프니츠의 의견에 동의하여 예정조화를 믿는다고 하더라도, 어떻든 확실해지는 것은 세계가 존재한다는 것이지 세계가 실제로 **지각**된다는 것은 아니다. 그렇게 되면 물론 세계는 사실적으로 존재하기는 하겠지만, 그리고 우리의 지각은 세계에 가장 정확하게 들어맞겠지만, 세계에 대한 직접적인 지각으로서의 지각은 단순한 가상이 될 것이다. 이로써 사물들 사이의 관계에 대한 사유된 표상(생각)이란 분명코 자연 속에 있는 것에 들어맞지는 않을 것이다.

　이로써 일종의 유아론적 귀결이 손에 잡힌다. 귀결되는 것은 관계들의 실재란 오직 그때마다의 관계항에 자기초월의 가능성이 허용될 때, 다시 말하면 단순정위의 개념이 형이상학적 사변으로부터 자유로울 때에만 이해될 수 있다는 사실이다. 오직 내적인 관계가 존재할 때에만 외적인 관계도 존재할 수 있는 것이다.

4) 내적 관계들

  플라톤에 의하면 "모든 말과 생각을 가장 완벽하게 부정하는 것은 각자를 다른 모든 사람들로부터 분리시켜 놓을 때이다. 그 이유는 개념 상호간의 뒤얽힘에 의해서만 우리에게 말이 생겨나기 때문이다."[36] 그럼에도 불구하고 내적인 관계란 대부분의 철학자들, 혹은 일원론자가 아닌 사람들에게는 우선은 원칙적으로 의심스러운 것이다. 이에 대해서는 이유가 없지 않은데, 내적인 관계란 그것이 단지 부분적 타당성만을 가지고 있는 경우 무한히 후퇴하는 경향이 있으며, 또한 그것이 전체와 합치되는 경우 완전히 해체되어 버리기 때문이다. 예컨대 현실적 개별존재 A의 존재 혹은 본질이 현실적 개별존재 B의 존재 혹은 본질에 토대를 두고 있거나 아니면 그 반대의 경우를 가정해 보면, 우리는 무한한 퇴행에 빠지게 됨을 알 수 있다. 그 이유는 우리가 두 현실적 개별존재의 본질과 존재를 그 자체의 원인으로 삼았는데, 이는 우리가 양자로부터 이미 모든 현실적 근거를 제거

---

36 Platon, *Sophistes* 259 e.

했기 때문이다.

이 순환을 벗어날 수 있는 것은 오직 이 순환의 고리를 그 자체가 더 이상 아무런 원인도 필요로 하지 않는 세계 전체로 확장할 경우 밖에는 없는데, 이는 오직 실재론과 다원론(Pluralismus)이라는 댓가를 치를 경우이다. 그리하여 화이트헤드의 친구이면서 후에는 도리어 적대자가 된 버트란트 럿셀은 관념론자인 브레들리Bradley[37]와 대결하면서 다음과 같이 서술한다: "[...] 만일 내적 관계라는 공리가 참된 것이라면, 이로부터 상이한 것이라고는 존재하지 않으며 오직 하나의 사물 밖에는 없다는 결론이 도출된다."[38] 러브조이A.O. Lovejoy[39]도 이와 유사한 생각을 이렇게 나타낸다: "모든 관계의 본질에 관한 학설은 오직 관념론에서만 유지될 수 있다."[40] 과연 화이트헤드도 모든 존재자의 결합성에 관한 학설—예컨대 러브조이와 엘스톤W.P. Alston[41] 등과 같은 몇몇 해석자들이 믿고 있는 바와 같이—에서 이러한 결론을 도출하는지를 밝혀내보도록 하자. 이를 위해서 『과학과 근

37 1846~1924. 영국의 신헤겔주의 철학자—옮긴이.

38 B. Russell, *Philosophical Essays*(1910), London 1966(überarbeitete Aufl.), 142쪽.

39 1873~1962. 미국의 철학자—옮긴이.

40 A. O. Lovejoy, *The Revolt against Dualism*, London 1930, 203쪽.

41 W. P. Alston, Internal Relatedness and Pluralim in Whitehead, in: *The Review of Metaphysics* 5(1952), 535-558쪽.

대세계』를 살펴보자.

> ✦ "우리가 봉착해 있는 사건들 사이의 관계에 관한 이론은 우
> 선 다음과 같은 학설에 의거하고 있다. 즉 이 학설이란 한 사
> 건의 관련성은 완전히 그때마다의 사건에 관련되어 있지만
> 필연적인 것은 아니며, 다른 관계항과 관련을 맺고 있는 내
> 적인 관계로 이루어져 있다는 것이다. [...] 이 내적 관련성
> 은 한 사건이 정확히 바로 거기에서, 바로 그러한 모습으로
> —정확히 말해서 제한된 관계의 규모를 가지고— 발생하는
> 근거이다. 왜냐하면 모든 관계는 사건의 본질 속으로 들어
> 가기 때문이다. 만일 이 관계가 없다면 그 사건은 자기 자신
> 이 아니게 될 것이다. 바로 이것이 내적 관계라는 개념이 의
> 미하는 것이다. 보통은, 아니 심지어 아주 보편적으로 사람
> 들은 시공적 관계에 있어서 외적인 관계가 중요하다고 주장
> 한다. 이러한 학설은 여기서 거부된다."(SMW 148/122f.)

한 '사건'(event)—여기서 이 용어는 현실적 개별존재와 같
은 뜻으로 사용되었다—의 관계는 말하자면 예외 없이 내
적인, 즉 "그때마다의 사건이 관련되어 있지만 필연적인 것
은 아니며 다른 관계항과 관련을 맺고 있는" 관계이다. 이

것이 구체적으로 의미하는 것은 다음과 같은 것이다. 즉 현실적 개별존재 A가 현실적 개별존재 B를 파악(즉 B와 관련을 맺을 경우)할 경우 B도 A를 파악한다는 결론이 도출되는 것은 아니다. 사실상 화이트헤드의 경험 존재론에 있어서 상호 파악의 경우란 배제되어 있으며, 그 이유는 모든 현실적 개별존재는 원칙적으로 그 과거에 있는 다른 현실적 개별존재만을 파악하기 때문이다. 화이트헤드에게 있어서 **과거로 지나가 버렸다**는 것은 경험했다는 것 이외에 아무 것도 의미하지 않으며, 경험된 모든 것은 필연적으로 지나가 버린 것이다. 파악된 현실적 개별존재는 그것을 파악한 현실적 개별존재에 대하여 마치 원인이 결과에 관계하듯이 그렇게 관계한다. 동시적인 현실적 개별존재는 다른 현실적 개별존재를 지각하지 못한다. 현실적 개별존재들의 동시성은 일종의 "생성의 일치"(unison of becoming)이며, 모든 생성은 그러나 오직 생성의 주체에 대해서만 경험될 수 있는, 밖으로는 폐쇄된 과정이다. 한 현실적 개별존재가 완벽하게 구성되어 있을 때 비로소—이는 오직 계속되는 새로운 경험이 감지될 경우에만 가능하다— 그것은 새로운 현실적 개별존재의 속성 가운데 있는 성분이 된다.

이로부터 자명하게 밝혀지는 것은 미래의 현실적 개별존

재는 파악될 수 없다는 것이다. 이것을 핫츠혼Ch. Hartshorne[42]
은 다음과 같이 적절히 공식화한다: "경험이란 언제나 그
것이 어떻게 기억될 것인가 하는 양식에 관하여 알지 못한
다."[43] 그러한 한에서 화이트헤드의 체계에서 경험의 주체와
대상은 결코 서로 뒤바뀔 수 없다. 이것은 실재론과 다원론
이 내적 관계의 현실성을 가정함으로써만 위협받지 않는다
는 것을 의미한다: "체험, 즉 스스로 기억하는 주체는 기억
된 대상과 관계를 맺는다. 그러나 이 대상은 스스로를 기억
하는 주체와 관련을 맺지 않으며, 따라서 그것으로부터 독
립되어 있다. 이것이 실재론의 원리이다."[44] 다원론적 현실
성에 대하여 그토록 위험한 내적 관련성의 원리는 "부재의
원리"(Capek)[45]에 의해서 균형이 이루어진다. 이 원리는 동
시적인 현실적 개별존재와 미래의 현실적 개별존재와 관련
을 맺는다.

---

42 1897~2000. 미국의 종교철학자, 형이상학자—옮긴이.

43 Ch. Hartshorne, Das metaphysische System Whiteheads(1948), in: E. Wolf-Gazo(Hg.), *Whitehead*, Freiburg/München 1980, 32쪽 이하.

44 위의 책, 33쪽.

45 위의 책, 99쪽.

5) 영원적 대상들과 존재론적 원리

플라톤의 『궤변론자』[46]에서 한 무명씨는 "모든 개념에 있어서 존재하는 것은 많이 있지만 이와는 반대로 존재하지 않는 것은 헤아릴 수 없이 많다."고 말한다. 화이트헤드의 철학은 플라톤주의로 악명이 높다. 『과정과 실재』에서 화이트헤드는 눈에 띄게 플라톤과 관련을 맺으며, 자신의 유기체철학을 커다란 유럽 전통 한 가운데에 설정한다. 이 전통은 전적으로 플라톤의 저작들에서 발견되는, 철학적 각성을 위한 풍부한 보물창고에서 얻어진다. "유럽의 철학적 전통을 가장 확실하게 보편적으로 특징짓는 것은 플라톤에 대한 일련의 각주에 지나지 않는다."(PR, 91/63/39)는, 아마도 가장 잘 알려진 화이트헤드의 명제는 바로 이러한 의미에서 이해될 수 있을 것이다.

이와 필적할 수 있는 그 어떤 철학자에 관한 인용도 이 명제처럼 자주 오해되는 일은 없을 것이다. 그 이유는 이 인용문 가운데 들어 있는 것이 플라톤 이후의 철학에 대한 경멸적 멸시가 아니라 플라톤의 사유가 가지는 넓이와 깊이에 대한 놀라움과 철학자로 불리는 어느 누구도 플라톤의 통

---

46 Platon, *Sophistes* 256 e.

찰과 나아가 그가 던지는 물음들에서 한가하게 머물러 있을 사람은 아무도 없을 것이라는 확신일 뿐이기 때문이다: "플라톤은 모든 기본적인 물음들을 제기하되 그에 대한 해답을 제공하지는 않는다."(ESP, 89)

그러나 화이트헤드의 우주론을 플라톤적으로 만드는 것은 단지 이것만이 아니다. 그것은 화이트헤드에게도 현실의 형상들로서 결코 포기할 수 없는 것으로 여겨지기 때문에 그의 유기체철학에 있어서 현실적 개별존재와 나란히, 존재론적으로 말해서 특출한 지위를 차지하는 플라톤의 **이데아이**ideai다. 여덟 개의 존재범주 가운데서 규정된 "모종의 극단적 궁극성"(certain extreme finality)을 가진 현실적 개별존재와 "영원적 대상"이라는 두 범주가 두드러진다. 열 아홉 개의 설명범주에서는 "현실적 개별존재와 영원적 대상이 존재의 기본적인 유형이라는 것, 그리고 다른 유형들은 단지 현실계 속에 있는 이 두 기본적인 유형으로 이루어진 모든 존재가 하나의 집단을 이룬다는 점을 서술하고 있다."(PR, 69/37/25)는 사실이 확정된다.

화이트헤드는 플라톤의 이데아론과 유기체철학을 이어주는 요인을 이렇게 서술한다: "그러한 철학에서 세계의 과정을 이루는 현실성들은 모든 현실적 개별존재들을 한정하는 가능성(잠재성)들의 밑바탕에 있는 다른 것들의 등장을 가시화하는 것으로 해석된다."(PR, 92/63/40) 영원적 대상들은 현실성의 가능성들 이외에 다른 것이 아니다. "현실화란 말하자면 가능성들 가운데서 하나를 선택하는 일이다."(SMW, 186/159) 그러한 가능성들은 그때마다 선택되며, 그러한 가능성들이 어떻게 하나의 현실적 개별존재에 의해서 실현되느냐 하는 것은 그것이 무엇이냐 하는 것(was es ist)을 규정한다. 가능성으로서의 영원적 대상은 이 현실적 개별존재나 저 현실적 개별존재에 결부되어 있는 것이 아니라 외적으로 자유롭게 임의적인 현실적 개별존재 안으로 진입할 수 있다. 즉 영원적 대상은 반복가능하다. 화이트헤드는 여기에 맞추어 이 개념을 이렇게 파악한다: "개념적으로 인식될 수 있고, 또한 이에 덧붙여 시간적 세계의 어떤 규정된 현실적 개별존재로 환원할 것을 요하지 않는 모든 존재를 '영원적 대상'이라 부른다."(PR, 99f/70/44)

그러한 반복가능한 형식들, 즉 영원적 대상들이 없다면 세계는 문자 그대로 상상할 수 없는 무질서에 불과할 것이다. 그 이유는 다른 것과 유사한 것이라고는 아무 것도 없을 것이기 때문이다. 그러므로 어떠한 존재론도 영원적 대상이 없이는 성립할 수 없다. 다만 문제가 되는 것은 영원적 대상에 어떠한 존재론적 지위를 부여할 것인가 하는 것이다. 『과정과 실재』 가운데 있는 범주표는 이에 관해 해명한다. 화이트헤드의 범주들은 네 집단으로 나누어진다. 첫째 집단은 "궁극자의 범주" 하나만을 포함한다. 다음으로 여덟 개의 "존재범주", 스물 일곱 개의 "설명범주", 아홉 개의 "범주적 제약" 등이 있다. 범주표는 완벽성이나 필연성을 요하는 것이 아니라 체계의 요구를 감안할 뿐이다. 그것은 사변적 기획의 성과이면서 그 하부 구조이기도 하다. 열 세 번째의 설명범주인 존재론적 원리에 따르면 자신의 근거를 현실적 개별존재의 성분 가운데 가지고 있지 않은 것은 존재할 수 없다. 범주는 "각 개별사례 가운데서 생성과정을 충족시키는 각 조건이 그 근거를 이 구체화의 현실계 속에 있는 그 어떤 현실적 개별존재의 성격 가운데 **갖거나 아니면** 구체화의 과정 속에 나타나는 주체의 성격 가운데 갖는다."(PR, 68/36/24)는 것을 뜻한다. 물론 이 원리는 영원적 대상에 대해서도 타당하다.

그런데 영원적 대상을 넘어서 현실적 개별존재 안으로 "진입"(ingress)할 수 있는 두 가지 길이 있다. 첫째는 "물리적 파악"이고, 둘째는 "개념적 파악"이다. 물리적 파악은 다른 현실적 개별존재에 대한, 즉 그 내용에 대한 직접적 파악이다. 각 현실적 개별존재는 자신의 구체적 규정성 가운데 일련의 영원적 대상을 예증하는데, 이 영원적 대상이란 자기를 구성하는 다른 현실적 개별존재에 의해서 이 현실적 개별존재를 위한 구성적인 것으로 파악되는 것이다. 물론 그렇게 파악된 모든 영원적 대상이 모두 파악하는 주체의 성분에 대하여 중요한 것은 아니며, 대부분의 영원적 대상은 "부정적"으로 파악된다. "두 가지 종류의 파악이 있는데, '긍정적 파악'과 '부정적 파악'이 그것이다. 하나의 현실적 개별존재는 우주의 각 개별성에 완벽하게 규정된 결합력을 가지고 있다. 이 규정된 결합이란 저 개별성에 대한 자신의 파악으로부터 생겨난다. 부정적인 파악은 주체 자신의 실재적인 내적인 성분에 대한 긍정적인 영향을 미치는 저 개별성에 대한 궁극적인 배제이다."(PR, 94/66/41) 부정적인 파악은 아무 것도 아닌 것은 아니다. 부정적 파악은 느낌―긍정적 파악―과 마찬가지로 일종의 주체적 형식, 즉 파악의 '어떻게'를 가진다.

주체적 형식들은 본래적인 존재범주를 이루며, "사私적인 사태"(PR, 63/32/22)라고도 하는데, 현실적 개별존재의 내적인 구조를 이루는 본래적인 결정인자이다. 그것은 현실계를 제공하는 영원적 대상이 어떻게 파악되는가 하는 것을 규정하기 때문이다. 주체적 형식들은 현실적 개별존재로 하여금 파악의 초월체일 뿐만이 아니라 이를 넘어서서 개별적 주체로 존재하도록 하는 요인이다. 주체적 형식들은 파악에 있어서 느낌의 요소이다. 파악의 자료는 반복될 수 있다. 왜냐하면 그것은 영원적 대상이지만 어떠한 주체적 형식도 다른 주체적 형식과 유사하지는 않기 때문이다.

> ⚜ "느낌의 본질 가운데 있는 새로움은 그 주체적 형식과 더불어 나타난다. 최초의 자료와 대상적 자료인 연쇄체(nexus)조차도 다른 주체를 가지는 다른 느낌을 좌지우지했을 수 있다. 그러나 주체적 형식은 직접적으로 새로운 것이다. 그것은 **이** 주체가 저 대상적 자료를 어떻게 느끼는가 하는 데에 성립한다. […]우리가 이 형식을 느낌으로부터 사상捨象한다면 우리에게 남는 것은 주체적 형식의 잔여물인 영원적 대상이다."(PR, 424/354/232)

그러므로 모든 파악은 개별적이며, 그 주체로부터 분리시킬 수 없다. 바로 그렇기 때문에 부정적인 파악조차도 중요하다: "하나의 느낌은 그 탄생의 때를 담지한다. […] 그것은 존재할 수도 있었으나 실제로 존재하지는 않는 것에 관한 인상을 보존한다."(PR, 414/346/226f) 이를 넘어서서 부정적 파악은 다음과 같은 훨씬 중요한 목적을 충족시킨다. 즉 부정적 파악은 무엇보다도 여러 개의 파악된 현실적 개별존재들로부터 단 하나의 새로운 현실적 개별존재가 나오도록 해준다. 말하자면, 만일 과거의 현실적 개별존재들이 모두 그 전체에 있어서, 즉 영원적 대상의 완전한 복합체를 파악했더라면 그 가운데에서 몇 개는 반드시 그 절대적 대립성으로 인하여 불가능할 수밖에 없었을 것이며, 다른 것들이 등장했을지도 모른다. 그러나 하나의 현실적 개별존재가 하나의 개별적 통일을 이룩할 수 있기 위해서는 그 속성의 각 요인들이 각기 다른 속성들과 조화를 이루지 않을 수 없다.

화이트헤드는 첫 번째 범주적 제약인 "주체적 통일의 범주" 가운데서 앞에서 설명한 사실로부터 귀결되는 선택의 불가피성을 다음과 같이 정초한다: "하나의 현실적 개별존재의 과정 속에 있는 불완전한 국면에 속하는 여러 개의 느낌들은 그 주체가 완성을 위한 통일을 이루기 때문에 조화를 이루도록 되어 있다. 이 느낌들이 국면의 불완전성으로 인하여 아직 통합되어 있지 않은 경우에도 마찬가지이다." (PR, 71/39/26) 이 범주는 어떤 파악의 "최초의 자료"와 "대상적 자료"의 구별을 제약한다. 최초의 자료는 하나의 현실적 개별존재이며, 대상적 자료는 이에 관한 느낌들 중의 하나이다. 최초의 자료로부터 대상적 자료로의 이행은 범주적 제약에 따른 주체적 형식들의 대립적 영향을 근거로 부정적 파악에 의한 여백화를 통해서 일어난다. 대상적 자료는 다른 파악의 다른 국면과의 일치로 인하여 새로운 주체의 통합적 성분이 될 수 있고 또 그렇게 되는 최초의 자료가 가지는 국면이다.

"최초의 파악 가운데 주어진 세계의 부조화"(AI, 453/334)는 다음과 같이 극복된다: "최초의 자료가 대상적 자료로 구체화하는 것은 주체적 형식에 의해서 가능해진다. 대상적 자료는 최초 자료의 전망이다."(PR, 405/338/221)

영원적 대상은 나아가서 개념적 파악을 넘어 한 현실적 개별존재의 성분 속으로 진입한다. 개념적 파악은 직접적으로 영원적 대상과 관련을 맺고 있지 다른 현실적 개별존재와 관련을 맺지는 않는다. 네 번째와 다섯 번째 범주적 제약에 맞추어 개념적 파악은 물리적 파악의 대상적 자료 가운데 주어진 영원적 대상의 반복으로서, 아니면 그러한 영원적 대상으로부터의 일탈로서 일어난다. 첫 번째 경우를 "개념적 평가"라 하고, 둘째 경우를 "개념적 역전"이라 한다.

* "(iv) **개념적 평가의 범주**. 각 물리적 느낌에서 개념적 느낌이 도출된다. 개념적 느낌의 자료는 영원적 대상이며, 이는 현실적 개별존재 혹은 물리적으로 느껴진 연쇄체의 제한성을 규정한다.

* (v) **개념적 역전의 범주**. 개념적 느낌의 부차적인 발생이 있다. 이 개념적 느낌의 자료는 단지 부분적으로만 영원적 대상과 일치하며, 이 대상으로부터 정신극의 첫째 국면에 있는 자료들이 구성된다. 이 중대한 일탈은 주체적 목표를 지향한다.

* (iv) 물리적 느낌의 개념적 재생산과 (v) 물리적 느낌으로부터 개념적으로 일탈함 등에 해당하는 범주를 유의하라."

(PR, 71f./39f./26)

이 범주들 가운데 적용된 몇 가지 개념들은 지금까지 고찰하지 않았다: 하나의 "연쇄체"는 "관계된 것의 통일성 가운데 있는 다량의 현실적 개별존재이다. [...] 이는 상호적으로 파악된 정보에 의해서 서로서로 정초된 것이다."(14. 설명범주; PR, 67/35/24) 가장 커다란 연쇄체는 세계 자체이며, 여타의 모든 연쇄체는 세계에 비하면 "하위의 연쇄체"이다.

"주체적 목표"는 말하자면 현실화의 과정 가운데 나타나는 현실적 개별존재가 자기 자신에 대하여 가지는 이념이다. 주체적 목표는 합생의 과정을 조정한다. 주체적 목표는 주체의 내적 성분으로부터 일정한 요인을 배제(부정적 파악에 의해서)하기 위한 근거는 물론 주체적 형식의 그때마다의 성격에 대한 근거를 제공하기 때문이다: 느낌들은 "그 주체가 존재하는 그대로 존재할 수 있기 위해서 존재하는 그대로 존재한다."(PR, 406/339/222) 주체적 목표는 어떤 현실적 개별존재의 목적인目的因이다. 반면에 그 현실적 세계의 자료들(즉 파악된 현실적 개별존재들)은 공동으로 작용인作用因을 이룬다. 어떤 현실적 개별존재는 이 두 원인의 공동 작용에서 발생한다.

영원적 대상의 존재론적 지위와 관련하여 다음과 같이 말할 수 있다. 물리적 파악을 통해서, 혹은 위에서 설명된 개념적 평가의 형식 가운데 있는 개념적 파악을 통해서 어떤 새로운 주체의 성분 안으로 진입하는 영원적 대상은 그 존재 근거를 이 주체의 과거에 있는, 즉 그의 현실적 세계에 있는 그 어떤 다른 현실적 개별존재의 성분 안에 가진다. 개념의 역전 형식 가운데 있는 개념적 파악을 통해서 나타나는 영원적 대상은 그 근거를 생성하는 현실적 개별존재의 주체적 목표 가운데 가진다. 그러므로 열여덟 번째 설명범주 가운데 공식화된 존재론적 원리는 작용인과 목적인을 상호 공동으

로 타당한 근거로 설정한다. 그리고 또한 이 원리는

❋ "'작용인 혹은 목적인의 원리'라고 불릴 수 있을지도 모른다. 이 존재론적 원리는 현실적 개별존재들이 유일한 **근거**임을 뜻한다. 그러므로 하나의 근거를 추구하는 것은 언제나 하나 혹은 여러 개의 현실적 개별존재를 추구하는 것이다. 이로부터 귀결되는 것은 그 과정 가운데 있는 어떤 현실적 개별존재가 충족시켜야 하는 모든 조건은 몇 개의 다른 현실적 개별존재의 '사실적인 내적 성분'에 관한, 아니면 이 과정을 제약하는 '주체적 목표'에 관한 어떤 사실을 나타낸다는 것이다."(PR, 68/36f./24)

그러나 주체적 목표는 합생의 과정 가운데 나타나는 주체의 성격으로부터 설명될 수 있다. 그 이유는 바로 이 주체의 성격이 무엇보다도 먼저 그 발생 과정의 주체적 목표에 의해서 규정되기 때문이다. 어떤 다른 것이 발생할 수 있기 전에 과정을 주도하는 주체적 목표가 확정되어 있어야 한다. 그러므로 이처럼 목표와 과정의 순환을 회피할 수 있는 유일한 길은 주체적 목표 자체가 자신의 근거를 그것을 기원하도록 한 현실적 개별존재의 외부에 가질 때이다. 왜냐하면 존재론적 원리를 충족시키려면, 현실적 개별존재는 어떤 근거를 가지지 않으면 안 되기 때문이다: "비존재로부터 그 무엇을 설명하는 사실이 현실적 세계로 유입될 수 있다는 것은 일종의 용어적 모순으로 받아들여질 수 있다. 비존재란 곧 없음이다."(PR, 103/73/46) 지금까지 결여된 근거는 그 개념적 평가 가운데 모든 가능성, 즉 다른 현실적 개별존재에 대하여 그때마다 파악될 수 있는 영원적 대상이 실현되어 있는 현실적 개별존재이다. 이 모든 가능성의 근거를 화이트헤드는 신이라고 부르며, 그러므로 어떤 현실적 개별존재의 주체적 목표는 신에 의해서 주어진 현실적 개별존재의 실현의 이상理想이다. 신의 존재는 존재론적 원리의 필수적인 적용으로부터 요구된다는 결론이 나온다.

6) 주관주의적 원리와 감각주의적 원리: 고대−근대적 인식론

경험의 주체와 대상의 관계를 올바르게 규정하기 위해서는 경험 가운데 주어진 것의 성격에 관한 명증성이 확보되어야 한다. 데카르트 이래 철학적 인식론에 의해 일반적으로 인정되고 있으며[47], 화이트헤드에 의해서 분명히 거부된

---

47 이를 벗어나는 예외로서 화이트헤드는 감각주의적 원리를 거부한 칸트를 들

두 가지 원리가 있다. 화이트헤드는 이를 "주관주의적 원리"와 "감각주의적 원리"라 부르고 이렇게 정의한다: "주관주의적 원리는 경험작용 가운데 있는 자료가 오직 보편자의 도움으로 남김 없이 분석될 수 있음을 뜻한다. 감각주의적 원리에 따르면, 경험작용 가운데 있는 주된 활동은 순전히 그때마다의 주관적인 수용형식, 즉 자료(datum)의 단순한 주관적 수용이다. 이것이 **단순한** 감각지각에 관한 학설이다."(PR, 295/239/157) 여타의 모든 것이 이것에 의해서 언급되지만, 반면에 그 자신은 어떠한 다른 것에 의해서도 언급되지 않는 것[48]이 곧 실체라고 하는 아리스토텔레스적인 실체 규정은 인간의 의식도 그러한 실체라고 주장하는 부가적인 가정과 결합되어 『성찰들』 가운데 있는 유명한 데카르트의 주관주의적 방향전환으로 나아간다. 여기서 자아가 경험할 수 있는 사물은 단지 보편적 속성들의 집적으로서만 나타난다. 그러나 경험 자체에는 정의상定義上으로 경험하는 주체 이외에 그 어떠한 다른 실체도 주어지지 않기 때문에, 오직 이 주체만이 속성들에 의해서 설명될 뿐이다.

고 있다. 화이트헤드는 여기서 모든 개연성에 따라 순수 직관의 현실에 관한 칸트의 학설에 관여한다.

48 Aristoteles, *Metaphysik* 1028 b.

데카르트는 철학적 고찰의 출발점이 인간의 경험 자체임에 틀림이 없다는 그 자신의 발견의 의미를 제대로 인식하지 못했다고 화이트헤드는 비난한다: "그러나 콜룸부스가 결코 아메리카를 밟지 않았듯이, 데카르트 역시도 그의 발견의 전체 범위를 제대로 알아차리지 못했다."(PR, 298/241/159) 말하자면 데카르트는 자신의 인식에도 불구하고 정 반대로 세계의 서술을 경험의 구조로부터 착수하지 못하고 경험의 구조를 실체와 속성의 범주로 서술하고자 했다는 것이다: "그러나 만일 경험의 체험이 구성적인 주관적 사실이라면, 이 범주는 형이상학 가운데서 기본적인 것으로 볼 수 있게 되는 모든 요구를 상실한 것이 된다."(위의 곳) 이는 구체적으로 주관주의적인 방향전환에 따라 일차적 사실이 더 이상 어떤 토마토의 붉음이나 둥긂이 아니라 이 토마토에 대한 나의 지각을 붉은 것으로 말한다면, 주어-술어-도식의 일관된 적용은 불합리한 연역으로 나아가게 된다. 왜냐하면 붉거나 둥근 것이 곧 나는 아니고, 이는 적어도 붉음이나 둥긂에 관한 나의 지각을 근거로 한 것은 아니며, 그것은 나에 의해서 지각된 토마토인 것이다. 정반대의 가정도 역시 일상 경험의 "비타협적으로 객관주의적인"(PR, 296/240/158) 건전한 오성에 위배된다: 사물의 성질이 그 원천을 외적인 세계가 아니라 단지 우리의 정신 가운데 가진다면, "우리는 단지 우리 자신의 유희의 저자일 뿐이며, 실상은 우리 자신이 안중에 두고 있는 어떤 것을 자연으로부터 지어내는 것이다. 그리하여 예컨대 장미로부터 향기를, 나이팅게일로부터 새소리를, 태양으로부터 빛을 지어내는 것이다. 이렇게 지어내는 시인詩人은 완전히 오류를 저지른다. 이러한 의미의 시인은 그들의 시 자체를 지향하며, 이 시를 인간 정신의 모든 탁월성의 자화자찬의 송시誦詩로 변형시킨다. 자연은 일종의 황량한, 즉 음조도, 내음도, 색조도 없는 것이다. 이것은 끝없고 무의미한 재료가 오락가락하는 것 이외의 아무 것도 아니다."(SMW, 70/54)

인용된 구절의 분명한 반어는 또한―주관주의적 원리의 귀결에 대한 비판을 넘어서서― 감각주의적 원리의 부적절성을 비판한다. 예컨대 화이트헤드가 말하듯이, 만일 자연이 "황량한 것"(dull affair)이라면, 소리도, 냄새도, 색깔도 없을 것이다. 그래서 이러한 소리, 냄새, 색깔이란 단순한 직관의, 이른바 객관성을 벗어나는 경험을 가리키며, 이 경험 가운데서 감각의 자료는 결코 있는 그대로의 것이 아니라 언제나 이미 정서적으로 채색된 것으로 나타난다. 화이트헤드에 의해서 감각주의적 원리의 대표자로 논의되는 흄

Hume 조차도 생시生時의 지각이란 주로 어떤 "강도强度와 생동성", 즉 일종의 주관적 형식으로 인하여 꿈 속의 경험과는 확연히 구별된다는 것을 알고 있었다. 우리의 경험 자체 가운데는 우리가 우선 솔잎 내음과 이파리가 살랑거리는 소리에 대한 청각적 신호, 이 자료들과 연관하여 동의하거나 반대한다는 정서적 옷을 입히기 위하여 결합된 분명한 녹색 지각을 감지한다는 사실을 나타내는 것이라곤 아무 것도 없다. 오히려 일종의 정서적 색조는 본질적으로 경험의 자료에 고유한 것으로 보인다: "지각에 있어서는 '무엇인가가 문제로 된다'는 것이 지각의 본질에 속한다.(AI, 333/232) 정서적인 놀라움은 분명하고 확실한 감각 자료가 받아들여지지 않는 영역에서 조차도 나타난다.

그러므로 화이트헤드의 의미에서 예컨대 **이 편안한 녹색**이 아니라 오히려 **이 녹색의 편안한 느낌**을 임의의 어떤 지각의 내용에 대한 가장 알맞은 서술로 파악하는 것이 더 옳을지도 모른다. 앞의 경우에는 색깔이, 뒤의 경우에는 느낌 자체가 기본적이다: "고도로 발달된 우리의 의식은 감각의 속성으로부터 순수한 객관적 소여, 즉 자료를 만든다. 그러나 근본적으로 우리의 동물적 체험은 이 자료를 주관적 느낌의 유형으로 파악한다. 체험은 '이 후각적인 인상'으로서 시작되고 의식에 의해서 '이 규정된 냄새에 관한 인상'으로 계속 가공된다."(AI, 431f./315) 감각 자료는 이렇게 동시적으로 어떤 파악 자료의 성분 가운데 있는 규정 요인으로서, 그리고 그 주체적 형식 가운데 있는 규정 요인으로서 작용한다. 감각 자료는 그러므로 주관적인 종류의 영원적 대상으로 분류되며, 객관적 종류의 영원적 대상과 구분된다. 이는 이 후자가 결코 어떤 파악의 주관적 형식의 자격을 획득하지 못하기 때문이다.(PR, 527f./445ff./290f.)

본질적으로 객관적 종류의 영원적 대상과 주관적 종류의 영원적 대상의 구별은 로크의 제1성질과 제2성질의 구분과 일치하는데, 다만 화이트헤드에서는 제2성질도 그 근원을 지각의 대상에 두고 있다는 것이다. 그래서 예컨대 어떤 현실적 개별존재의 발생 과정에 있어서 푸른색과 붉은색은 이 현실계의 다른 현실적 개별존재의 결정인자로서, 그리고 파악의 **방식(어떻게)**의 결정 인자로서 역할을 할 수 있다. 이 귀결은 감각주의적 원리를 거부하는 데서 나온다. 비록 우리가 일반적으로 느낌을 붉다 혹은 푸르다고 나타내지는 않는다고 하더라도 색에 대한 정서적 성격을 나타내는 용법들은 분명 존재한다. 누군가가 따갑게 바라본다거나 음침하게 응시한다거나 아니면 푸른빛이 감도는 피라고 말할 때,

우리는 차가운 푸른색이니 따뜻한 붉은색이니 하고 말한다. 화이트헤드에 의하면 "수학적 형식"은 이와는 다르다. 둥글다거나 삼각형이라거나 하는 성질은 이에 따르면 어떤 감정을 특징짓는 데는 부적합하다.

주관주의적이고 감각주의적인 원리를 거부하는 데서 어떤 파악의 주관과 대상에 관한 주관적 형식의 "순응"(conformation)의 원칙이 따라 나온다. 이 원칙은 세계의 "연대성"(PR, 307/249/164)과 그들의 강력한 결정론적 특성(AI, 444/326)을 밑받침한다. 화이트헤드는 이렇게 쓴다. "물리적 경험의 원초적 형식은 정서적이고 맹목적인 느낌이다. 그리고 이 형식이 마치 어떤 다른 사건에서 감지되어 일종의 주관적 열정으로 습득되는 것처럼 받아들여진다. 고도의 경험 단계의 언어에서 원초적인 요인은 **공감**, 다시 말하면 어떤 다른 사람 **안에 있는**, 그리고 그 사람**과** 일치하는 느낌에 대한 느낌이다."(PR, 303f./246/162)

여기서는 미시적 과정이 언급되어 있다는 사실을 잊어서는 안 된다. 즉 여기서 언급되는 것은 현실적 개별존재지 전체적인 인간이나 어떤 대상 세계에 관한 인간의 의식적 지각은 아니라는 것이다. **어떤 회색빛 돌을 관찰하고 있는 마이어 선생**이라는 사태 내용은 여기서 문제로 되는 것과는 다른 종류의 지각을 나타낸다. 시점t2에서의 나의 의식 내용(가장 광범하고도 정서적인 의미에서)과 시점t1에서의, 그리고 이 시점에서의 내 두뇌 속에 있는 과정 및 직접적으로 선행하는 의식 내용과의 관계는 지각, 즉 어떤 다른 현실적 개별존재 안에 있는 그리고 그것과 더불어 존재하는 느낌에 대한 느낌의 원초적 형식에 대한 예이다. 바로 지나간 순간은 정신적 긴장의 감정("타자 속에 있는" 느낌)으로 충만한 것으로서 여전히 현존한다. 마치 이 순간이 이제는 앞서 말한 바로 그러한("어떤 타자와의") 긴장에 의해서 충만해 있듯이 말이다.

주관적 형식의 변형인 **정신적 긴장**은 타자, 즉 외적인 영향이 이 변형을 방해하지 않는 한 지속된다. 만일 난방도 되지 않은 작업실에서 내 발이 점차 차가와진다면, 이전이든 이후든 **차가운 종류의 불쾌감**이라는 주관적 형식은, 그것이 내 발의 수많은 세포에 의해서 뇌로 전이됨으로써, 내 의식에 의해서 체계적으로 파악된다. 그런데 그때마다의 감정의 강도에 따라(제4장 제3절을 참고할 것) 현재의 순간에 대한 나의 전체 체험은 즉각 내 발에 있는 감정 원천의 벡터적인 장소화와 더불어 **차가운 종류의 불쾌감**이라는 주관적 형식에 의해서 규정된다. 반면에 **정신적 긴장**이라는 주관적 형식은 매 순간(즉 그 연속적인 계열을 내가 나의 의식으로서 파악하는데 익숙해져 있는, 새롭게 구체화하는 모든 현실적 개별존재들과 더불어) 의미를 상실한다. 그러한 긴장은 결국 사라져 버리거나 혹은 단지 더 이상 현실적으로 존재하지 않는 것으로서 나의 기억 속에만 존재한다.

문제는 그러한 지각 모델로써 회색 돌에 대한 마이어씨의 관찰이 어떻게 설명될 수 있느냐 하는 것이다.

7) 지각의 양상들

화이트헤드는 이른 바 지각의 "순수한" 양상들과 혼합 양상을 구분한다. 순수한 양상들이란 "인과적 효과성"(causal efficacy)과 "현재화하는 직접성"(presentational immediacy), 혹은 비감각적인 지각과 감각적 지각이라고 한다. 양자의 상호 작용은 우리 지각의 일상적인 형식이며, "상징적 연관성"(symbolic reference)이라고 한다. 인과적 효과성의 양상을 띠는 지각은 위에서(제3장 제6절) 설명했듯이, 말하자면 모든 현실적 개별존재에 주어진, 지각의 최초의 형식이다. 즉 이것은 주관적 형식이 수용한 현실적 개별존재로부터 성립하는 자료의 파악으로서 설명되었다. "직접적 지각의 원초적인 근원적 성격은 전이轉移다. 느낌의 톤은 그 원천에 대한 징표로써 전이된다. 달리 말해서 그것은 벡터 느낌-톤 (vector feeling-tone)이다."(PR, 229/182/119)

인간의 경험 가운데서 지각의 이러한 형식은 첫째로 직접적 과거의 자기 자신에 대한 기억으로서 표출되고(AI, 335/233 이하 참고), 둘째로 신체의 체험 가운데서 감각적 지각의 매개체로서 나타난다. 우리는 생리학이 직접 증명하기 이전에, 스스로의 눈으로 보고, 귀로 듣는다는 사실을 안다. 특히 우리가 지각의 어려움을 가지거나 아니면 고통을 가질 때 매개하고 전달하는 신체의 활동은 강하게 의식된다. 반대로 감각 기관이 잘 작동하면, 우리는 그것을 손쉽게 사용하면서 일종의 기쁨을 느낀다. 그러나 우리는 오관 가운데 어느 하나를 사용하지 않고도, 예컨대 보는 작용에서는 언제나 눈을 지각하게 된다. "[...] 지각의 지배적인 토대는 그 경험을 전달하고 강화하는 길에 분배하는 상이한 신체 기관의 지각이다."(PR, 228 이하/181/119)

대개 감각의 지각이라고 불리워지며 철학적 전통에서 지금까지 특별한 주목을 끌어온 것은 화이트헤드에 있어서 현재화하는 직접성으로서 지각의 두 양상 가운데 단지 하나다. 현재화하는 직접성은 지각의 주체와 더불어 동시적으로 현존하는 사물, 그 명증성과 일의성 그리고 세계의 외연적 관계에 대한 설명 등에 대한 그 관련성에 의해서 드러난다. "이러한 '양식'(mode) 속에서 동시적인 세계는 외연적 관계들의 연속으로 파악된다."(PR, 129/95/61)

현재화하는 직접성의 가능성을 이해하기 위한 열쇠는 여섯 번째 범주적 제약인 변환(transmutation)의 범주이다. 이 범주가 의미하는 것은, 경험하는 주체에 의해서 자신의 현실적 세계의 상이한 현실적 개별존재에 대한 단순하고 육체적인 감각에 대한 동일한 개념적 지각이 도출되었을 때(개념적 평가와 개념적 역전의 범주에 맞추어), 개념적 느낌의 자료는 한 연쇄체의 속성으로 변모될 수 있으며, 이 연쇄체는 이렇게 하여 파악된 현실적 개별존재를 구성원으로 포함한다는 것이다.(vgl. PR, 72/40/27) 변환의 범주는 어떻게 세계가 우리의 경험 가운데서 그 차별을 등한히 함으로써 그 경험을 구성하는 현실적 개별존재의 유비에 대한 집중이 일목요연하게 구성되고 통일되는가 하는 것을 나타낸다. 이것이 가능해지는 것은 상이하게 파악되는 현실적 개별존재의 됨됨이가 유사하기 때문에, 즉 동일한 영원적 대상을 지시하기 때문에 현실적 개별존재들로부터 단지 하나의 유일한 개념적 파악이 도출될 수 있을 경우이다.

이로부터 귀결되는 것은 개념적 파악의 자료인 이 영원적 대상이 파악된 유사한 현실적 개별존재와 관련지어 보면 중립적이라는 것이다. 영원적 대상은 모든 현실적 개별존재에 대하여 동일함을 뜻하기 때문에, 그것은 현실적 개별존재를 더 이상 개체가 아닌 연쇄체에 의해서 설명한다. 이것은 세계가 원자적 개체들의 덩어리가 아니라 사회로 지각된다는 것을 뜻한다. "중요하지 않은 다수의 세부적인 것들은 제거되고 체계적인 질서를 보여 주는 현실계의 요소들이 강조된다."(PR, 464/388/254) 그러므로 그 기능의 관점에서 보면, 변환의 범주는 부정적 파악과 유사하다. 그것은 이 양자가 일관되게 규정된 통일적인 주체의 완결된 발생을 위해 필수적으로 요구되는 그 만큼 세계의 다양한 국면들을 단순화하기 때문이다. 그러나 부정적 파악이 모순적인 측면을 분리시키는 데 기여하는 반면, 변환은 주체 일반의 합생을 방해하지는 않지만 그 전체 경험의 강도를 심하게 약화시키고, 경우에 따라서는 최소한으로 축소시킨다. 이것은 또한 도달한 의식의 정도가 높으면 높을수록 변환의 범주가 현실적 개별존재의 발생 과정에서 하는 역할이 크다는 것을 뜻한다.

그러므로 변환의 범주는—개념적 역전의 범주와 나란히— 본질적인 계기로서 예컨대 돌멩이에 속하면서도 인간적인 의식을 이루는 어떤 현실적 개별존재의 복합성 가운데 있는 차별성을 밑받침한다. 변환의 범주는 오직 개념적 파악이 물리적 파악을 능가하기에 충분한 강도를 가질 때에만 현실화될 수 있음을 유의해야 한다: "[...] 이 과정을 연출하는 하나의 현실적 개별존재는 개념적 느낌의 강도를 처리해야 하는데, 이것은 그것이 단순한 물리적 느낌을 제압하고 융해시키기에 충분함을 뜻한다."(PR, 463f./388/254)

그 강도는 다시금 합생하는 주체의 직접적 환경 가운데 있는 유사한 구조의 빈도, 달리 말하면, 환경에서 지배적인 질서의 정도에 달려 있다: "사소한 질서가 존립하는 한에서, 사소하게 된 현실적 개별존재도 존재하는 법이다. 부정적으로 파악된 정보를 올바로 조정하여 동화시키는 것은 정신적인 진보의 비밀이다. 그러나 환경이 관련된 것들의 그 어떤 체계적인 도식에 의해서 성격지어지지 않는다면, 세계의 생생한 파악을 밑받침할 수 있는 아무 것도 남지 않는다."(PR, 464/388f./254) 그러므로 인간의 신체는 고도의 조직밀도를 갖춘 현실적 개별존재들의 관계적 구조로서 인간 의식의 양식을 가진 현실적 개별존재가 발생하기 위한 필수적 조건이다: 신체가 없다면 인간의 정신이란 존재할 수 없다. 인간의 의식은 그 구성적인 신체적 과거를 고려하지 않는다면, 겉으로 보기에 직접적으로 동시적인 세계를 인식하면서 지향하는 한에서만 독립적이다. 달리 말하면, 의식이 현재화하는 직접성의 양상으로 지각할 때 그러하다. 과거의 수많은 현실적 개별존재들을 파악하는 것은 이점에서 어떤 현재의 연쇄체의 파악으로 변환된다("transmuted"):

> "우리는 예컨대 동시적인 의자를 본다, 그러나 그것을 우리의 눈**으로** 본다; 그리고 우리는 동시적인 의자를 만진다, 그러나 그것을 우리의 손**으로** 만진다. 그러므로 색은 의자를 하나의 방식으로, 눈은 주관의 경험 요소와는 다른 방식으로 대상화한다. 또한 촉감은 의자를 일정한 방식으로, 손은 주관의 경험 요소와는 다르게 대상화한다. 그러나 눈과 손은 과거(거의 직접적인 과거)에, 의자는 현재에 있다."(PR, 132,/97f./62f.)

현재화하는 직접성 가운데 주어진 의자의 상像("chair-image")은 다수의 현실적 개별존재를 가지는, 변환에 의해 제약된 추상에 의해서 특징지어진다. 지각된 세계는 사실상 이 현실적 개별존재들로부터 성립한다. 동시적인 사물들은 수동적인 잠재성의 관점 하에 나타나고, 그래서 생성과 조화를 이루는 현실적 개별존재의 인과적 독립성의 원리를 설명한다. 가장 엄밀한 의미에서 현실적인 모든 것은 원자적으로, 즉 사실적으로 분해된다. 이에 반해서 현재화하는 직접성 가운데 나타나는 공간적인 연장延長은 그 연속성에 있어서 간단히 분해 **가능**하다. "[...] 동시적인 세계는 그 연장적인 분할의 잠재성과 더불어 지각되지, 실제로 원자론적으로 분할되어 지각되지는 않는다."(PR, 130/96/62) 이런 방식으로 지각된 세계는 더 이상 한계를 가진 감각자료에 의해서 오인된 기하학적 관계조직으로 존재하지 않는다. "[...] 단순한 외관은 동시적으로 규정된 공간적인 영역이 지각하는 주체와 맺는 기하학적이고 원근법적인 관계의 직관화로 제한된다. 여기서 직관화는 '회색'이라는 매개에 의해서 일어난다. '회색'이라는 감각대상은 다른 영역과의 단순한 혼합으로부터 이 영역을 보호한다."(PR, 233/185/121)

현재화하는 직접성의 양상을 띤 지각은 현실성("actualities")의 세계를 은폐시키기 때문에 이 관점에서는 어디까지나 현상("appearance")으로 규정할 수 있다. 그러나 이것은 직접적으로 주어진 물리적 사실로서 기만이라는 의미에서의 단순한 현상이 아니다. 왜냐하면 첫째로 우리는 자연스럽게 언제나 정확하게 우리가 보는 것을 보며, 둘째로 감각적 지각은 주관적인 사실을 넘어서 그야말로 언제나 대상적 세계의 일정한 측면, 말하자면 대상적 세계 속에 있는 질서를 강조하는데, 이 질서는 주관적 형식과 과정적으로 순응하는 영원적 대상의 관계적 기능에 의해서 산출된다. 그래서 감각적 지각의 자료로서의 현상은 "믿을 수 없을 정도로 단순화된 현실의 표현"(AI, 380/273)이기는 하지만 어디까지나 현실의 표현이다. 그러므로 우리가 오류 혹은 기만이라고 부르는 것은 그 자체로 지각의 순수한 두 양상이 아니라 현재화하는 직접성의 양상으로 획득된 자료로부터 인과적 효과성의 양상으로 파악된 현실적 개별존재로 잘못 투사된 결과이다.

그러한 투사는 화이트헤드의 용어로 "상징적 연관성"(symbolic reference)[49]이라 하며 혼합된 지각양상으로 여겨진다: "말하자면 두 가지의 순수한 지각 방식은 오류를 범하지 못하지만 상징적 연관성은 이 가능성을 끌어들인다." (PR, 314f./255/168)

8) 상징적 연관성

상징적 연관성의 가능성은 두 가지 순수한 지각양상에 공

---

49 상징적 연관성의 개념을 화이트헤드는 『상징. 그 의미와 효과』에서 상세하게 전개한다.

통근거("common ground")를 요구한다. 달리 말하면, 두 가지 지각양상에서 동일한 것으로 입증되는 요소들이 발견되어야 한다는 것이다.(vgl. PR, 314/255/168) 첫째의 공통근거는 우선 일차적으로 파악된 현실적 개별존재의 지각 주관과 대상 사이에서 지배적인 관계조직에 의해서 가능해지는 시간적 배열에서 인과적 과거에 있는 것, 인과적 미래에 있는 것, 지각하는 사건의 과거에도, 미래에도 있지 않은 것으로 나타난다. 지각하는 사건의 과거에도, 미래에도 있지 않은 것은 동시적인 것으로 드러난 세계의 주관에 의해서 규정된 영역을 이루는데, 유기체철학의 용어로는 "현재화된 장소" (presented locus)라 한다.

그런데 하나의 동일한 현재화된 장소가 두 가지 양상으로, 즉 그 영역적 구조와 관련하여 직접적으로 그리고 분명하게 제한적으로 현재화하는 직접성으로—동시적인 현실적 개별존재의 현실적 세계들은 실제적으로 동일하여 동일한 현실적 개별존재가 지각하는 사건에 대해서는 물론 기타 현재화된 장소에서 일어나는 사건들에 대해서도 인과적으로 작용하게 되므로— 그리고 간접적으로, 그리고 불확실하게 인과적 효과성의 양상으로 주어진다: "현재화된 장소는 상징적 연관성에 대한 공통의 토대인데, 그 이유는 현재화된 장소는 현재화된 직접성에서 직접적으로 분명하게, 반면에 인과적 효과성에서는 간접적으로 그리고 불분명하게 지각되기 때문이다."(PR, 317/257/169)

　예컨대 우리가 어떤 대상을 보면서 눈 가운데 이 시각을 유도하는 확실한 긴장을 느낀다면 그 가운데는 현재화하는 직접성에 의해서 눈의 영역이 드러난다. 그러나 눈의 긴장이라는 촉각적인 감각 자료는 그 자체로만 본다면 보는 과정 가운데 있는 눈의 활동에 관해서는 아무 것도 언급할 수 없다: "[...] 그 자체로 눈의 활동은 더 이상 동시적인 복통 혹은 발을 두드리는 느낌과 연결될 수 없을 것이다."(PR, 318/258/170) 현재화하는 직접성 가운데 있는 다양한 감각 자료들은 동시적으로 병존한다. 시간적인, 말하자면 화이트헤드에 있어서는 언제나 인과적으로, 그것들 간의 관계가 설명됨이 없이 말이다. 이 관계는 오직 인과적 효과성의 양상으로만 경험될 수 있는데, 이 양상에서 눈의 활동 장소는 모호하게 제시된다. 그래서 상징적 연관성은 현재화하는 직접성의 양상으로 경험하는 눈의 긴장과 인과적 효과성의 양상으로 경험하는 눈의 작용의 영역적 동일성을 근거로 해서 눈의 긴장과 그 기능적 의미 사이의 연관성을 밝힐 수 있다. (vgl. PR, 318/258/170)

어떻든 이러한 상징적 연관성은 제시된 영역이 일치하지 않을 때에도 가능하다. 이 경우의 공통 근거는 하나 혹은 다수의 영원적 대상들이 두 가지 양상으로 진입한다는 것이다: "상징적 연관성에 대한 두 번째 '토대'는 그 두 가지 양상으로 나타나는 영원적 대상의 동일성에 의해서 산출되는 두 가지 방식 사이의 연관성을 이룬다."(PR. 318f./259/170) 이에 대한 한 가지 예는 인과적 효과성에 의해서 눈의 영역에 주어지는 시각적인 감각자료(색조)와 의자 모습의 영역을 설명해 주는, 현재화하는 직접성의 양상으로 주어지는 감각자료 사이의 유비일 것이다. 어떤 영역이 그렇게 설명된다는 사실은 몇 가지 원인을 가질 수 있다. 간접적인 감각자료의 근원이 반드시 현재화하는 직접성의 양상인 것처럼 보이는 영역에 있을 필요는 없다. 색에 대한 느낌은 과다한 알콜복용이나 적합한 빛의 효과 혹은 빛의 반사에 의한 것일 수도 있다. 결국 우리는 이 경우—아마도 두 가지 양상으로 받아들여진 영원적 대상의 동일성에 의해서— 회색의 의자 모습에 대한 우리의 지각으로부터 그러한 의자의 사실적인 현존을 도출하게 되어 일종의 지시오류를 범하게 된다: "한 점 의혹도 없이 확실하게 직접적으로 지각되는 것은 현재화된 장소의 회색 부분이다. 본능적으로 그렇게 한 것이냐 혹은 지적인 판단에 의한 것이냐 하는 그 이상의 해석은 상징적 연관성에 맡겨야 한다."(PR, 321f./261/172)

그러한 지시오류의 가능성은 신체 외적인 영향의 강한 영역적 비규정성("위치를 잡았으나 아직 위치 정의가 되지 않은")에 바탕을 둔다. 신체 내의 영역은 높은 정도의 질서로 인하여 인과적으로 비교적 쉽게 규정될 수 있는데, 이것은 원래 이 신체를 이루고 있고, 현실계를 파악하는 의식의 분명한 장소가 되도록 한다. 화이트헤드는 신체내적인 규정과 신체 외적인 규정을 구별하기 위한, 지각의 논리 안에 있는 틈새("지각의 논리에 있는 틈새")에 관하여 언급한다. 원칙적으로 그러한 구별은 단지 점진적이지만 내포된 현실적 개별존재의 느낌의 강도의 관점에서 보면 결정적이다: "[...] 유기체적 신체의 부분들은 그 상호 유전의 특수한 생동성에 의해서 조정된다. 어떤 의미에서는 살아있는 유기체와 무기적 환경 사이의 구별은 단지 정도의 문제에 불과하지만 바로 이 구별이 중요하다―그리고 결국 질적인 비약이 문제다."(PR, 334/271/179)

그러나 결정적인 점은 그 모든 무규정성에도 불구하고 인과적 효과성이 직접적으로 경험되며, 흄이 명시한 감각주의적 원칙과 유사하게, 현재화하는 직접성의 단순한 선후관계에 관한 연역이 불필요하다는 점이다. 화이트헤드는 이것을 갑자기 암흑 속에 쏟아진 날카로운 빛에 눈을 깜빡이는 어떤 사람의 예를 가지고 설명한다. 이 사람의 경험은 한편으로는 현재화하는 직접성의 양상으로 제공된 날카로운 빛의 결과, 즉 이에 이어진 눈을 깜빡임에서 생긴 암흑의 느낌으로 인한 것이며, 여기서 눈을 깜빡이는 동작과 암흑은 명쾌하게 구별되지 않은 상태다. 다른 한편으로 그러나 이 사람은 섬광과 눈깜빡임 사이에 인과적 연관성이 있을 것으로 느낄지도 모른다:

> "사실상 그로 하여금 섬광이 먼저라고 구별하도록 하는 것은 인과성의 느낌이다. 그리고 '눈을 깜빡이게 한 빛'이라는 시간적인 경과를 '인과성'에 대한 믿음을 위한 전제로 만드는 논변의 역전은 순수한 이론에 의거한다. 그 사람은 '빛이 내 눈을 깜빡이게 했다.'고 자신의 경험을 설명한다. 만일 누군가가 그의 주장을 의심한다면, 그는 '나는 그것을 느꼈기 때문에 그것을 안다.'고 반박할 것이다."(PR, 327/265f./175)

인과성의 느낌을 습관에서 설명하는 흄에 대하여 화이트

헤드는 습관이란 어떤 원인이 현재화하는 직접성의 양상으로 지각되는 것과 같은 것은 아니라고 항변한다. 그러므로 화이트헤드에게는 지각된 원인을 설명할 딱 한 가지 가능성만 남는다: "원인이라는 생각이 드는 이유는 인간이 인과적 효과성이라는 경험의 한가운데에 살기 때문이다."(PR, 328/266/175) 이 논제는 우리가 종종 명석판명한 감각경험이 없이도 그 영향들을 의식한다는 사실에 의거한다. 바로 이 명석판명한 감각경험이 제한되거나 아니면 완전히 없어질 경우 인과성의 느낌은 특히 강하고 급속하게 방치의 감정, 그래서 완전한 암흑 혹은 적막감으로 전환된다:

＊"어두움 속에는 완전히 의심에 차서 우리를 두려워하게 하는 그림자 같은 현상들이 있다. 쥐죽은 듯한 적막감 속에는 자연의 저항할 수 없는 인과적 효과성이 우리를 엄습한다. 8월의 우거진 숲 속에서 어지러이 울어대는 풀벌레 소리의 음습함 속에는 우리를 둘러싼 자연에서 뿜어져 나오는 여러 가지 느낌들의 영향이 압도한다. 비몽사몽간의 흐느적대는 의식 가운데는 감각의 현시가 물러서고, 남는 것이라곤 우리를 둘러싼 모호한 것들의 영향으로 인한 모호한 느낌들뿐이다."(PR, 328f./267/176)

이에 반해서 흔히 있는 경우처럼 시각적, 청각적 종류의 무수한 감각자료들이 주어질 경우 인간의 의식 속에 있는 인과적 느낌의 이러한 무규정성은 상징적 연관성의 개입으로 해결된다. 분명한 감각적 자료들은 인과적 영향의 상징으로 받아들여지기 때문이다. 원칙적으로 이 과정은 정당화되는데, 지각의 두 양상에서 중요한 것은 본질적으로 동일한 자료들이기 때문이다. 그런데 이러한 전용轉用은 적합하거나 그렇지 않거나 둘 중의 하나다. 이 가운데 적합하지 않은 경우란 정확히 그것이 동일한 전개 노선에 있어서(4장 6절에 있는 인격적 동일성 논의를 참고할 것) 뒤의 현실적 개별 존재의 자료로서 일정한 공통의 경험요소들과 관련하여 두 가지의 순수한 지각양상 중 어느 하나 속에 있는 다른 파악 중의 여럿과 종합하면서 강조하는 것이 아니라 충돌할 경우이다.(vgl. PR, 338/275/181)

그러므로 연관된 것의 적합성은 일단 순수하게 실용적으로 평가된다. 비록 그 가운데 있는 진리의 개념이 적합하지 않다고 하더라도 상징적 연관성의 관점에서 그 의미의 본질적인 부분이 그 어떤 일정한 연관성에 따라 도출된 다행多幸한 귀결에 이를 수 있기 때문이다: "인간의 경험은 그래서 종종 진리의 본래적인 의미가 실용적이라고 말하는 것이 결

코 과장이 아닐 수 있다는 상징적 연관성을 동반한다."(PR, 338/275/181)

9) 변환 범주에 대한 반론들

주체/대상의 문제에 관하여 특별히 유의하면서 지금까지 서술한 것을 일차적으로 총괄하기 전에 여기서는 그 유효성에 대한 몇 가지 반론에 관하여 연구하도록 한다. 펠트James W. Felt는 변환의 범주를 소박한 실재론의 표현이라고 비판한다.[50] 그는 자신의 주장을 먼저 색과 같은 영원적 대상이 결코 소우주적 존재를 특성화할 수 없으며, 그 까닭은 색의 지각이 공간적 연장延長을 요구하기 때문이라는 지적을 가지고 정당화한다: "색은 오직 일상적 경험의 대우주적 천체에만 관련되지 소우주적 존재에는 관련되지 않는다."[51] 여기서 "일상적 경험"이란 분명—화이트헤드식으로 말하면— 현재화하는 직접성의 양상을 띠고 있는 경험을 뜻한다. 말하자면 펠트는 색이 인과적 효과성의 양상으로 경험될 수 있다는 사실을 문제로 삼는다. 그러나 펠트의 본래적 비판점

---

50 J.W. Felt, Transmutation and Whitehead's Elephant, in: H. Holz/E. Wolf-Gazo(Hg.), Whitehead und der Prozeßbegriff, a.a.O., 79-84쪽 참고.
51 같은 책 181쪽.

은 그가 말한 그대로 화이트헤드가 이 잘못된 인식론적 오류에 존재론적 오류를 하나 더 추가했는데, 말하자면 그는, 로크식으로 말하자면, 제이第二 성질이라는 감각 자료를 지각의 대상 안에 있도록 했으며, 심지어 이 대상이 지각되지 않는 경우라도 그렇다고 간주한다는 사실이다. 이것을 잘 설명하기 위하여 펠트는 이미 언급한 화이트헤드의 회색 코끼리로 되돌아 간다: "화이트헤드의 인식론은 일종의 소박한 실재론을 예시하는 것처럼 보인다. 그의 이론에는 영원적 대상인 '회색'이 우선은 코끼리의 피부를 이루는 개별존재의 개념적 느낌 안으로 들어가고, 그 다음에 비로소 지각하는 사람에게 지각된다. 이것은 말하자면 회색은 지각되기 **이전에** 이미 코끼리 속에 있으며, **바로 그** 회색이 지각 안에도 나타난다."(강조는 논자의 것임)[52]

펠트의 이 비판에서 잘못된 것은 그가 분명 화이트헤드의 개념을 감각주의적 지각이론의 토대에서와 달리 해석하지 않고 또 그럴 의사가 없기 때문에 개념적으로 상이한 것을 동일한 것으로 간주한다는 사실이다. 그는 바로 화이트헤드가 거부한 것, 말하자면 인간의 의식과 같은 복잡한 의식의 명석판명한 지각이 유일하게 가능한 지각의 형식이라고 할

---

52 같은 곳.

수 있다는 사실을 전제로 한다. 펠트의 다음과 같은 가정은 어디까지나 온당하다. 즉 화이트헤드에 의하면, 회색이라는 영원적 대상이(대개의 경우) 우선은 코끼리의 피부를 이루고 있는 현실적 개별존재의 느낌에 포함되어 있다. 그 영원적 대상이 코끼리의 몸 밖에서 지각하는 주체, 즉 인간의 의식에 의하여 지각되기 이전에 말이다. 그러나 이러한 사실로부터 회색이 이미 지각되기도 이전에 코끼리 속에 있다거나 아니면 그것이 현재화하는 직접성의 양상으로 드러나는 바로 그 회색이라는 사실이 귀결되지는 **않는다.**

색이란 감각자료("sensa")로서 주로 주관적 형식을 한 성질들이다. 이 주관적 형식은 다시금 주관이 대상을 파악하는 양식을 나타낸다. 이것은 색이 지각의 형식 이외의 아무 것도 아님을 뜻한다. 이로부터 귀결되는 것은 화이트헤드의 이론에서 어떤 색조色調의 현실화는 언제나 이미 그에 대한 지각을 전제로 한다는 사실, 달리 말하면, 회색이 그 어떠한 방식으로 코끼리 피부의 현실적 개별존재를 그 자체로 받아들여 특징짓는다고 말하는 것이 의미가 있다면, 그것은 오직 그 상호적인 지각(인과적 효과성의 양상으로)을 근거로 한 것이라는 사실이다. 문제는 다만 그것이 과연 의미가 **있는가** 하는 것이다. 화이트헤드 자신은 이 문제를 다음과 같이 매우 예리하게 공식화한다: "이제 결정되어야 하는 문제는 그것이 우리에게 나타나는 그대로의 초록색을 띤 봄의 초원이 초원 지역 안에 있는—그리고 무엇보다도 개별적인 풀줄기들이 있는 지역에서— 물상物像들과 어떻게든 직접적으로 일치하는가 하는 것이다. 우리는 어떤 근거로 이 지역에 있는 것들이 어떠한 의미에서건 실제로 우리의 감각기관으로 지각한 그대로라는 가정을 옳다고 생각하는가?"(AI, 440/322) 그러한 일치가 분명 자연필연성을 가지지 않는다는 것은 우리의 감각적 지각이 범하는 여러 가지 기만을 입증해 준다. 그러나 그렇다고 그러한 일치가 완전히 배제되는 것인가?

사물과의 일상적인 접촉에서 우리는 감각자료와 그것이 나타내는 대상 사이의 일치를 자명한 것으로 간주한다. 내 앞 벽에 걸린 그림의 테두리는 나에게 검은 것으로 보인다. 나는 이 그림의 테두리가 어제도 그랬고, 그것을 살 때도 그랬음을 기억한다. 나는 그것이 내일도 검을 것이라고 간주한다. 만일 그것이 내일 갑자기 붉은 색으로 보인다면 그것은 내 눈이 뭔가 비정상적이거나 아니면 누군가가 마음대로 밤새 그림의 테두리를 자신의 스타일에 맞게 덧칠했을 것이라고 결론지을 것이다. 나는 내 지각에 나타나는 어떤 변화에 언제나, 그것이 내 자신의 신체에 있건 아니면 그 환경에 있건, 물리적인 세계 안의 변화가 상응하며, 그러므로 내가 가지는 검은색 지각이나 붉은색 지각은 사물의 내적인 됨됨이와의 인과적 연관성을 가진다는 확신을 가지는 것이다. 생리학적 관점에서 보면 붉음이라는 감각자료는 나의 신경세포와 뇌세포의 번역활동에 의해서 내 의식에 나타난다. 이것은 붉음이 어떤 방식으로든 신경세포와 뇌세포에 틀림없이 주어져 있음을 뜻한다. 다만 약간의 차질이 있을 수 있다면, 그것은 그 붉음이 분명코 동일한 것이 아닐 수 있다는 것, 이것은 또한 우리의 분명한 감각적 지각을 결정한다는 것, 달리 말하면 그것은 같기도 하고 그렇지 않기도 하다는 것이다.

화이트헤드는 이 역설을 확실히 해결하려고 실재론적 지각이론을 주장했음에 틀림없다. 그는 특히 『관념의 모험』의 두 곳에서 이런 주장을 한다. 펠트는 이 점을 고려하지 않았다. 그 첫 번째에서 화이트헤드는 동일한 것에 대한 구별되는 지각을 제약하는 성질의 여러 가지 예증양상 혹은 설명양상에 관하여 언급한다:

"속성을 가진 통일적 전체로서의 연쇄체(Nexus)의 연합은 체험하는 주체에게 일반적으로 해당 개체가 이 속성을 나타내는 것과는 다른 예증의 양상으로 귀결된다. 어떤 군대의 규율은 개별적인 병사와는 다른 방식으로 전체로서의 군대에 귀속된다. 드러나는 양상에 있어서의 이 구별은 조금 더 혹은 덜 분명할 수는 있겠으나 어떻든 존재한다. 여기서 우리는 마치 실체에 의해서 속성이 수동적으로 제시되는 듯한 가상이 나타나는 그 이상의 몇 가지 이유를 발견하게 된다: 결합된 무리는 그 속성들을 수동적으로 드러내는데, 그것은 그 밑바탕에 있는 활동들이 개별적인 현실 가운데서 수행되기 때문이다."(AI, 381/273f.)

문제는 이 텍스트 구절에서 인용된 예가 실제로 제기된 문제를 해결하는 데 유용한가 하는 것이다. 한 군대의 규율은 그 군대에 소속된 개별적 병사들의 규율과는 구별된다.(여기서 규율이란 서술된 질서와 같은 무엇을 뜻한다.)[53] 병사들이 없다면 군대도 없을 것이고, 병사들의 규율이 없다면 군대의 규율 역시도 없을 것이다. 전체로 보았을 때의 군대(예컨대 공중에서 볼 때)가 정방형의 질서 형식을 나타낸다고 가정한다면, 이 형식은 물론 병사들의 개별적인 행위에만 기인하지만 질서에 대한 그들의 기여는 그 자체로 보면 정방

---

53 이 말의 영어 용법은 독일어 용법보다 광범위하게 쓰인다.

형적인 것 그 자체가 아니다. 개별적인 병사들에게서 인식할 수 있는 것은 단지 앞사람과 뒷사람에서 병렬되는 지침에 불과하다. 이 개별적인 질서는 그럼에도 불구하고 전체의 관점에서는 다르게 나타난다. 말하자면 군대의 규율이나 질서는 그 구성원들의 총체와 다른 것이 아니기 때문에 질서는 동일한 것이고, 그러나 그 질서가 다르게 나타나기 때문에 같은 것이 아니기도 하다: 각 설명의 양상은 서로 구별된다. 그러므로 동일한 영원적 대상이 상이하게 지각될 수 있다(즉 파악하는 주체에 있어서 상이한 방식과 양식으로 대상화된다)는 주장은, 어디까지나 확인할 수 있는 테두리에서 보면, 가변적이다.

단지 이렇게 해서는 아직 제기되는 모든 문제를 해결할 수 없다. 화이트헤드의 예는 다음과 같은 함정을 가지기 때문이다: 그가 든 예에서 관찰자에게 한 군대의 질서를 특징짓는 것은 기하학적 관계, 말하자면 대상적인 양식의 영원적 대상이다. 색조는 어떻든 주관적인 양식에 속하고, 다수의 예증 양상들의 가능성은 그 자체로 의미를 갖는다는 사실은 무조건 분명한 것은 아니다. 예컨대 군대의 각 병사가 선홍색 깃발을 흔든다면 군대의 상공을 나는 헬리콥터에서 내려다보는 관찰자는 일정한 높이를 넘어서면 아무런 깃발

도 인지하지 못하면서도 그 색의 인상은 질적으로 불변의
상태로 남을 수도 있을 것이다.

분명 화이트헤드의 첫째 예는 그리 만족하지 못하다. 그
러므로 더 나은 정보를 제공해 줄 수 있는 둘째 인용문을 살
펴보자:

> "기분의 어떤 농담濃淡이 관찰되는 경우들도 있다. 그것을
> 넘어선 후에 감각으로 주어질 수도 있는 바로 직전의 기분
> 말이다. 유아幼兒에 있어서 이 기분은 예컨대 실제로 감각 성
> 질의 기능을 한다. 그리고 어른들의 발달된 지능이 비로소
> 이 기분을 이 범주로부터 추방한다. 유아는 엄마에게서 사
> 랑스러운 배려, 기쁨, 의기소침 혹은 분노와 같은 기분의
> 상태를 직접 읽어내어 자발적으로 그것에 반응할 수 있다.
> [...] 기분에 대한 직접적 지각은 이 경우들에 있어서 여타의
> 감각의 성과와 같은 발로 서있음에 틀림없다. 그러나 동물
> 적 기관은 기분에 대한 이 지각에서 감각 소여의 전달에 있
> 어서와는 다른 방식으로 작동한다. 그러므로 발달된 지능
> 에 대해서는 여기서 유형의 차이가 있다.
>
> 그러나 어떻든 간에 엄마의 기쁨은 유아에 의해서 주어
> 진 무엇으로 느껴지고, 말하자면 주어진 것에 걸맞는 방식

으로, 동일한 감정의 톤으로 말이다. 이 소여는 과거—직접적 과거—로부터 도출되어 현재의 영역으로 투사되는데, 여기에 엄마의 신체적이고 심리적인 실존의 복합적 사실을 이루는 사실적 과정들의 연쇄체가 있다. 유아에게 그렇게 현상으로 제공되는 것은 기쁨의 성질을 포함한다."^{(AI,} 432/315f.)

이 인용문은 우리에게 제기된 문제에 대한 아무런 직접적 설명도 제공하지는 않지만 경우에 따라서는 어떤 논법을 도출할 수 있도록 하기도 한다. 화이트헤드는 다음과 같이 추측한다. 즉 어린이는 어른과 다른 감각인상을 받아들이는데, 이 감각인상은 색칠한 평면보다는 오히려 감정적인 기분을 나타낼 것이기 때문이다. 우리는 화이트헤드를 이렇게 이해할 수 있다. 즉 어린이가 엄마의 기쁨을 인과적 효과성의 양상으로는 물론 기쁨이라는 현재화하는 직접성의 양상으로 지각하는 시점이나 시기가 있으며, 어린이 발달의 진행에서 비로소 기쁨에 대한 직접적 지각은 점차로 성숙한 지능의 징표가 되는 감각자료의 지각으로 변화해 간다는 것이다. 이것이 실제로 발달심리학의 연구가 시사하는 경우라면 이것은 "순수한" 감각자료(예컨대 빨강이라는 색)와 일정한 기분, 즉 어느 정도의 빨강색에 대한 감정 사이에는 사실상 어떤 동일성관계가 있다는 것을 의미한다. 이 경우 어떤 순수한 감각자료의 지각은 그럴 경우 단지 복합성의 일정한 조건들 아래 있는 이 기분의 지각일 것이다.

이 조건들이란 어떤 사람의 개인적 이야기를 서술하는 현실적 개별존재의 고리들의 내부에 있는 비교적 뒤늦은 발전단계에서 비로소 나타난다. 이것은 어떤 현실적 개별존재의 발생과정에 대해서도 타당하다: 시초적 파악의 대상적 자료는 정서적 기분이며, 변환의 범주가 작용하여 서술양상에 있어서의 변화를 제한하기 이전에 그 자체로 대상화된다.

이제 논의를 마무리하기 위해 펠트의 비판으로 돌아가 보자. 위에서 수행한 문제의 분석은 다음과 같은 결론에 이른다. 즉 화이트헤드에 의하면 관찰자의 지각에 나타나는 회색은 그 피부를 이루고 있는 코끼리나 현실적 개별존재의 지각에서도 발견될 수 있으나 그럴 때 동일한 회색의 다른 유형이 문제로 된다는 것이다. 이렇게 하나의 성질이 두 가지 유형으로 갈라지는 것은 파악의 자료와 주체적 형식의 규정성 속에 있는 요소로서 주체적 양식의 영원적 대상을 정의할 때 언급된 이 영원적 대상의 이중적 기능과 조화를 이룬다. 이 두 갈래 길의 기능("two-way functioning")은 화이트헤드로 하여금 실재론자가 되도록 하며, 동시에 그를 소박한 실재론자라는 비난으로부터 지켜준다. 그러므로 펠트는, 이미 살펴보았듯이, 비판으로써 문제의 핵심을 건드렸으나 화이트헤드의 입장이 유지될 수 없음을 입증하려는 자신의 의도를 관철시키지는 못했다.

10) 일차 성과

우리는 화이트헤드의 철학이 본질적으로 철학적 전통이 제기했던 일정한 대립들 사이의 빈틈을 연결하고 동시에 그 차이점을 유지하려는 시도라고 간주한다. 본 절을 포함한 전체 장들에서는 일차적으로 화이트헤드의 몇 가지 본질적인 근본개념들이 소개되고, 특히 한편으로는 주체와 대상, 다른 편으로는 정신과 신체의 대립이라는 문제가 중요한 측면들의 관점에서 상세히 논의되었다. 단순정위에 대한 거부와 이에 연관된 내적 관계의 가정은 반드시 부당한 것은 아니며, 그러므로 화이트헤드가 말했듯이, 구성적 관계가 화이트헤드에 있어서처럼 상호적인 것으로 생각되지 않을 경우, 대상은 대상으로서의 지위를 상실하지 않고 구성적으로 주체 속으로 진입할 수 있음이 지적되었다. 주체와 대상의 관계는 일방통행로와 같은데, 대상으로서의 일정한 현실적 개별존재와 구성적으로 관계하는 모든 주체는 다시 대상으로서 이 대상과는 상이한 다른 현실적 개별존재 안으로 진입하기 때문이다.

나아가서 화이트헤드가 주관주의적 원리의 수용을 거부한 것이 어떻게 인과적 효과성의 지각 양상에서 근거지어질 수 있고, 또 어떻게 주체의 타자인 대상의 전적인 낯섦이 주체적 형식들의 동화에 관한 교의에서 극복되는가 하는 것이 지적되었다. 현재화하는 직접성의 양상과 나란히 둘째 지각양상의 가정 및 그 가운데 예시된 영원적 대상의 관점에서의 양상의 일치 및 감각자료의 정서적 중요성으로부터 이 일치를 설명하는 것은 신체와 의식 사이의 본질적인 연속성을 보여준다. 말하자면 무감각한 신체기능과 감각자료에 관한 의식적인 지각 사이의 질적인 비약이 해소됨으로써 데카르트적인 자연의 분기화分岐化("bifurcation of nature")에 대한 본질적인 근거는 탈락한다. 그럼에도 불구하고 현실적 개별존재의 개념은 신체와 정신 사이의 내재적 구별을 유지하는데, 모든 현실적 개별존재는 원칙적으로 양극적, 즉 언제나 물리적 파악은 물론 정신적 파악을 가지기 때문이다.

화이트헤드는 또한 정신극과 물리극("mental pole" und

"pysical pole")을 말하지만 이에 대한 공간적인 은유는 잘못이다. 두 극은 주로 다음과 같은 점에서 구별되는데, 말하자면 물리극이 현실적 개별존재가 자신의 현실적 세계에 의존하는 것을 해명하는 데 반해서, 정신극은 주체의 고유성을 강조한다는 것이다. 그러나 이 분리는 절대적이지 않은데, 오히려 부정적 파악의 선택적 기능은 물리극의 어느 정도의 정신적인 측면을 나타내며, 개념적 평가의 범주는 개념극의 물리적 측면을 나타낸다.

이것은 다음과 같은 데카르트적 논법에 대한 직접적인 부정인데, 그것은 물체가 정신에 속할 수 있는 아무 것도 포함하지 않고, 정신도 물체에 속할 수 있는 아무 것도 포함하지 않는다는 것이다. 매우 조심해야 할 것은 정신극의 활동이 그 어떤 경우에도 일상적인 의미에서의 의식에 의해 주도되지 않는다는 것이다. 여기서 정신적이다, 물리적이다 하는 것은 현실의 두 측면을 이르는 데 지나지 않는데, 이것은 새로워지면서도 현상태를 유지하는 측면이라고도 부를 수도 있을 것이다. 해당하는 현실적 개별존재가 고차적으로 발전하면 할수록, 새로워지는 측면은 더 현저하다. 의식은 새로워지는 국면 혹은 정신극의 강인한 우월성에서 성장한다.

4

존재와 생성

1) 현실성의 과정적 성격

데이비드 흄은 언젠가 "그것에 의해서 질료가 자신에게 본질적으로 존재하는 듯한 항구적인 운동을 보존하며 동시에 그것을 산출하는 현상에 있어서의 불변성을 유지할 수 있는 어떤 체계, 질서, 사물의 경제가 존재하는가?"라고 묻고 망설임 없이 이렇게 답했다: "확실히 그러한 경제는 있다. 왜냐하면 이것은 실제로 현재의 세계가 그러한 경우이기 때문이다."[54] 화이트헤드의 주저는 『과정과 실재』이다. 이 제목은 1893년 출간된 신헤겔주의자인 브레들리F.H. Bredley의 저서 『현상과 실재』(Appearance and Reality, 독일어로는 *Erscheinung und Wirklichkeit*, 1928)를 연상시키며, 두 사상가의 체계 사이

---

54 D. Hume, *Dialogues Concerning Natural Religion*(1779), New York 1961, 53쪽.

에 있는 근본적 차이점도 나타낸다. 브레들리가 실재를 움직이는 현상의 배후에 있는 일자와 불변자로 파악하고자 하고 그래서 현상을 실재로부터 분리시키는 반면, 화이트헤드는 바로 이 현실의 과정적 성격을 강조한다: "그래서 자연은 진화 과정의 구조를 이룬다. 실재는 과정이다."(SMW, 90/72) 그래서 화이트헤드에서 설명범주 27개 가운데 첫 번째는 이렇다: "현실계는 하나의 과정이며, 이 과정은 현실적 개별존재의 생성이다. 그러므로 현실적 개별존재는 피조물이며, '현실적 사건'이라고도 한다."(PR, 64/33/22)

과정이란 현실적 개별존재의 생성이다. 이 생성은 이미 (3장 2절) 하나의 세계를 이루는 수많은 현실적 개별존재들이 하나의 새로운 현실적 개별존재에 이르기 위한 합생으로 규정되었다. 그러나 이 새로운 현실적 개별존재는 그 생성을 마치자마자 다시 새로운 통일을 향해 융해되는 수많은 다른 현실적 개별존재 가운데 하나가 된다. 그래서 세계는 다수에서 통일로, 통일에서 다수로, 계속해서 발전한다. 플라톤에 있어서 이것이 뜻하는 바는 이렇다. "하나(一)는 말하자면 나타나는 그대로, 존재를 파악하고 그것을 진행하도록 하기 때문에, 생성하고 또한 소멸한다. [...] 그런데 그것은 하나이면서 여럿(多)이고, 생성하면서 소멸하기 때문에, 하나가 생성하면 여럿-존재는 소멸하고, 여럿이 생성하면 하나-존재는 소멸하지 않는가?"[55] 세계를 끊임없이 추동하는 이 약동하는 운동의 원리를 화이트헤드는 창조성("creativity")이라 부른다.

근원적인 창조력으로서의 이 개념은 화이트헤드의 과정철학에서 모든 존재와 생성의 밑바탕에 있는 현실성 일반의 원리를 나타낸다. 그러므로 창조성은 또한 본래적인 의미에 있어서의 어떤 존재자가 아니다: 그것은 그 우연자인 현실적 개별존재에 의해서만 현실적으로 존재한다. 그러므로 그것은 또한 『과정과 실재』에서 존재의 범주에 속하지 않는다: 그것은 하나와 여럿의 개념과 더불어 이른 바 궁극자의 범주("the Category of the Ultimate")로서 본래의 범주를 구성한다:

> "'창조성'은 요소적인 사태를 성격지우는 보편자의 보편자이다. 이 요소적인 원리를 근거로 우주를 이접적인 것으로 체현하는(which is the universe disjunctively) 여럿(多)은 우주를 연접적인 것으로 나타내는(which is the universe conjunctively) **하나의** 현실적 사건이 된다. 여럿으로 하여

---

55 Platon, *Parmenides* 156 ab.

금 복합적 통일로 결합시키는 것은 사물의 본성 속에 들어 있다."(PR, 62/31/21)

이 범주에 대한 설명 여하에 따라 화이트헤드 해석자와 비판자의 견해가 엇갈린다. 그래서 대개 폴스E. Pols 같은 학자는 범주란 단지 서술적인 가치만을 가지며 창조성이란 말은 그저 어떤 무규정적인 창조물이 매 순간 발생하며 우주는 결코 완전하지 않음을 나타내는 것이라고 주장한다.[56] 캅 Cobb도 이와 유사하게 창조성이란 현실적 개별존재가 **무엇**인지를 설명하는 것도, 그것이 존재한다는 **것**을 설명하는 것도 아니라는 판단을 내린다.[57] 그러나 이와 반대되는 견해도 있다. 예컨대 클루츠A. Cloots는 창조성이란 현실적 개별존재의 존재근거일 뿐만 아니라 인식근거일 수 있다고 생각한다. 그에게 창조성은 궁극적 설명("ultieme verklaring") 인데, 그 이유는 현실성이 결국은 자기자신을 해명해야만 하기 때문이라는 것이다.[58] 이런 견해를 가진 학자로는 갤

56 E. Pols, *Whitehead's Metaphysics. A Critical Examination of Process and Reality*, London/Amsterdam 1967, 134쪽.

57 J.B. Cobb, *A Cristian Natural Theology*, Philadelphia, Pennsylvania, 1965, 211쪽.

58 A Cloots, De Vraag naar het Ultieme in de Proces-Filosofie, in: *Tijdschrift voor Filosofie* 42(1980), 48-74쪽.

랜드W.J. Garland, 니빌R.C. Neville, 셔번D.W. Sherburne, 레클럭I. Leclerc 등이 있다.[59]

이 논쟁은 쉽사리 결판나지 않는데, 그 이유는 두 집단의 견해가 각기 나름의 정당성이 있기 때문이다. 최후의 원리란 모든 설명 가능성이 한계에 부딪히며, 이 한계에서 영원히 계속되는 왜라는 물음은 돌고 돌며 물음을 제기하는 사람으로 하여금 현기증이 나도록 하는 운명을 갖는다. 그러면 물음을 제기하는 사람에게는 하이데거적 심연이 하품을 하면서 입을 벌리는데, 왜라는 질문은 부정적인 근거제시에서는 전혀 만족하지 못하며, 최후의 한계에 처한 설명은 더 이상 아무 것도 해명할 수 없기 때문이다. 그 자체로 아무런 근거도 없는 것은 그 어떤 다른 것도 설명할 수 없으며, 오히려 많은 사람들이 최초의 원리를 지구를 떠받치고 있다고 믿었던 거북이처럼 여기는 듯하다: 이 원리는 그것이 부담한다고 공언하는 것과 함께 심연에 빠져버리는 경향이 있다. 화이트헤드의 궁극자 범주는 설명의 최후의 원

---

59 W.J. Garland, The Ultimacy of Creativity, in: L.S. Ford/G.L. Kline(Hg.), *Explorations in Whitehead's Philosophy*, New York 1983, 212-238쪽. R.C. Neville, Whitehead on the One and the Many, ebd., 257-271쪽. D.W. Sherburne, *A Whiteheadian Aesthetic*, New Haven 1961, 19쪽 이하. I. Leclerc, *Whitehead's Metaphysics*, London/New York 1958, 86쪽.

리이기 때문에 실은 아무 것도 설명하지 못하지만, 동시에 현실적 개별존재의 생성과 소멸을 현실의 가장 보편적인 성격에서, 즉 "사물의 본성"에서 정초하기 때문에 모든 것을 설명한다.

이제 우리 고찰의 출발점으로 되돌아가자. 현실계는 과정이며, 이 과정은 현실적 개별존재의 생성임이 언급되었다. 이 사실은 다음과 같은 두 가지를 포함한다: 한편으로 세계는 본질적으로 과정이기 때문에, 과정을 벗어난 것, 정지란 있을 수 없다. 과정은 시작되지도, 끝나지도 않는다. 그러므로 부단한 생성으로서의 과정은 무조건 연속적이다. 그러나 다른 편으로 모든 생성은 언제나 그 어떤 것의 생성이고, 생성하는 것은 현실적 개별존재다. 그러나 어떤 것이 존재하기 위해서는 일정한 형식을 드러내야 하고, 어떻게든 다른 모든 것으로부터 자신을 분리시킬 수 있어야 하며, 동시에 과정을 벗어나야 한다. 그러므로 어떤 것의 생성으로서의 과정은 불연속적이다. 이 공공연한 역설은 존재와 생성에 관한 옛 논쟁의 메아리이다. 이 논쟁에서 양자는 상호 배척하는 것으로 보인다. 그러나 얼핏 보기에 역설적이라고 해서 그것이 반드시 오류라고 할 수는 없다. 문제는 과정이 일정한 관점에서 연속적이고 다른 관점에서는 불연속적일 수 있는가 하는 것이다. 화이트헤드의 대답은 다음 절에서 소개될 획기적 시간의 이론이다.

2) 획기적 시간의 이론

"몇몇 사물들은 [...] 가능성상으로 앞서고, 어떤 것들은 완결성상으로 앞선다. 그래서 대개 그 중간의 노선은 그 가능성상으로 전체 노선에 앞서고, 부분은 전체에 앞서며, 질료는 본질에 앞선다—그러나 그 완결성의 관점에서는 후속한다. 왜냐하면 그것은 전체가 해체된 후에 비로소 완결성상으로 존재할 것이기 때문이다."(Aristoteles)[60]

세계의 과정은 현실적 개별존재의 생성과 소멸 가운데 진행하는데, 여기서 생성과 소멸은 과정의 상이한 두 측면을 드러낸다. 생성은 독자적으로 존립하는 다수의 현실로부터 하나의 현실적 개별존재가 합생되는 과정이고, 소멸은 하나의 현실적 개별존재에서 다른 현실적 개별존재로의 이행("transition")이다. 과정의 한 부분은 내재적으로, 다른 부분은 초월적으로 진행한다고 말할 수도 있겠다. 현실적 개별존재는 생성의 결과가 아니며, 오히려 전적으로 생성 가운

---

60 Aristoteles, *Metaphysik* 1019 a.

데 언제나 이미 포함되어 있다: 현실적 개별존재는 오직 생성하는 동안에만 존재하고, 그 생성이 끝나면 독자적으로 존재하기를 그치고 한 요소로서 새로운 현실적 개별존재의 생성으로 이행한다. 화이트헤드도 말하듯이, 현실적 개별존재는 그 주체적 직접성("subjective immediacy")을 상실하고 대상적 불멸성("ovjective immortality")으로 전환된다.

그러나 하나의 현실적 개별존재는 더 작은 통일체로 환원될 수 없는 원자라는 진정한 통일이기 때문에 합생의 과정은 전과 후로 구분될 수 없으며, 그것은 이 과정에서 비로소 다른 현실적 개별존재가 발생하기 전에 그 현실적 개별존재가 존재하게 된다는 의미에서다. 한 현실적 개별존재의 생존 시간은 단지 한 순간이며 전적으로 현재이다. 그러나 과거와 현재 사이에 있는 유령과 같은 영역에 있는, 아무런 연장도 갖지 않는 점은 아니고, 윌리엄 제임스W. James의 방식으로 말하면 시간의 물방울로 존재하며, 이 물방울 안에서 세계의 가능성은 확실성으로 전환되며, 미래는 과거로 바뀐다. 현재라는 이 물방울은 지금이 아무런 연장없이 주어져 있는 우리의 구체적 의식경험에도 해당한다: 직접적 과거는 언제나 의식 가운데 여전히 현재하는 법이다. 만일 내가 갑자기 팔을 들어 올린다면 나는 직접적으로 운동 자체를 체험하게 되며, 팔이 어떤 다른 곳에 있었던 것으로 보인다는 기억과 연결지어, 내 팔의 고정된 확실한 위치를 지각하지는 못한다. 팔의 움직임을 도외시한다면 연장없는 순간에 색과 같은 단순한 어떤 것을 지각할 수 있을 것인가? 화이트헤드는 이것을 문제로 삼는다: "일정한 시간구간을 수용하는 것은 현재에 본질적이다. 기억과 직접적 현재화를 구별하는 것은 그렇게 중요한 것은 아닐 수도 있다."(AE, 127)

시간 개념은 인과적으로 결합된 현실적 개별존재들 사이의 역동적이고 비대칭적인 관계 이외의 아무 것도 아닌 거시우주적 과정에만 적용된다. 현실적 개별존재의 생성과 소멸이 비로소 시간을 구성하기 때문에, 그 생성 자체는 시간 안에서 일어나지 않을 수 있다: "연속성의 생성은 존재할 수도 있지만 생성의 연속성이란 존재하지 않는다. 현실적 사건들은 생성하는 피조물이며, 연속적으로 연장된 세계를 밑받침한다. 달리 말하면, 연속성은 생성하지만 '생성'은 그 자체로 연속해 있지 않다. 그러므로 기본적인 형이상학적 진리는 원자론 가운데 들어 있다."(PR, 87/53/35) 화이트헤드가 서술하려는 바와 같이, 비시간적 생성이라는 생각은 물론 확실히 우리의 평상시의 사유습관에 배치되며, 아마도 많은 사람들은 여기서 실제로는 단지 개념적 공허성을 숨기고 있는 단순한 말장난 그 이상이 문제로 되지는 않는다고 추측할 것이다. 이것을 결정하기 위해서는 어떤 관점에서 비시간적 생성이라는 표상이 아마도 우리가 실존적으로 정지해 있다고 생각하는 시간의 현상을 이러한 표상이 없이도 가능하다고 생각하는 것보다 더 잘 파악하는 데 기여할 수 있을까 하는 점을 고려해야 할 것이다.

모든 생성과 운동은 단지 그렇게 보일 뿐이라는 파르메니데스의 가르침을 입증하고자 했던 엘레아학파 제논의 역설은 악명이 높다. 제논이 고안해 냈던 논법은 그가 공공연히 도출해 냈던 추론이 추측케 하듯이 그렇게 전적으로 무의미하지 않을 수도 있다는 사실은 아마도 그 수용의 역사가 보여준 것이리라. 왜냐하면 제논은 기인으로서 웃음거리가 되거나 아니면 간단히 망각되지 않고 그 어떤 다른 철학자보다도 빈번이 반박을 받았기 때문인데, 화이트헤드가 제논과 관련하여 메모했듯이, 이렇게 반박을 받았다는 자체가 "사람들이 이에 대해 서술했던 이래 모든 세기에 걸친" "승리의 정점"이다."(ESP, 87) 심중팔구 그 직관성으로 인하여 특히 유명한 두 가지 증명 가운데 하나는 아킬레우스와 거북이 사이에 가상적으로 벌어진 경주를 토대로 하는 반면, 다른 하

나의 증명은 나는 화살을 분석한다. 이 논법은 아리스토텔레스의 『자연학』에 이렇게 소개된다:

"둘째 증명은 이른 바 '아킬레우스'다. 이 증명은 가장 빠른 자(아킬레우스)도 결코 뛰어서 가장 느린 자를 추월할 수 없다는 데서 극에 달한다. 왜냐하면 뒤따르는 자는 언제나 앞서가는 자(거북이)가 이미 통과한 지점에 겨우 도달하지 않을 수 없기 때문에 느린 자도 언제나 얼마간이라도 앞서가지 않을 수 없게 되기 때문이다. [...] 셋째 증명은 지금 언급한 나는 화살에 근거한다. 그러나 나는 화살은 시간이 순전히 개별적인 (분리된) 순간들로 이루어진다는 가정에 근거한다. 왜냐하면 만일 이 가정을 끌어들이지 않는다면 제논의 결론은 그 유효성을 상실할 것이기 때문이다."[61]

아킬레우스논법의 핵심은 시간의 무한분할을 가정하는 것이다. 만일 아킬레우스와 거북이가 동일구간의 상이한 지점 A와 B에서 출발할 경우 아킬레우스가 B지점에 도착하자마자 거북이는 조금 앞선 C지점에 도착할 것이다. 아킬레우스가 C지점에 도달하면, 거북이는 이미 D지점에 도달할 것

---

61 Aristoteles, *Physik* VI 9, 239 b 14 이하(29 A26) und 239 b 30쪽 이하(29 A 27).

이다, 등등. 말하자면 아킬레우스는 거북이를 점점 가까이 갈 수는 있겠지만, 결코 따라잡을 수는 없을 것이다. 화이트 헤드는 이 논법이 타당하지 않다고 생각한다: "간단한 산술법은 위에 언급된 구간계열이 단 1초만 경과해도 바닥을 드러낸다는 사실을 우리에게 알려준다."(PR, 143/107/69) 그래서 그는 화살논법에 관하여 다음과 같이 정반대로 평한다: 모든 운동은 시간경과를 전제하기 때문에 한 순간이라도 운동이 없을 수는 없다. 그러나 만일 화살이 날아가는 매 순간 멈춰있다면 그것은 도대체 움직일 수 없을 것이다.

화이트헤드에게 중요한 두 논법 사이의 차이는 **아킬레우스논법**에서 한 순간에서 다음 순간으로의 이행은 (A지점에서 B지점으로) 생성이 종료된 동작이 전제됨으로써 문제로 제기되지 않았으며, 반면에 **화살의 논법**에서 한 순간에서 다음 순간으로의 이행은 그 자체로 불가능한 것으로 나타난다는 데 있다. 달리 말하면 화살논법은 아킬레우스가 그 위치로부터 전혀 움직일 수 없으며, 영원히 출발점에 머물러 있다는 사실을 함의한다. 만일 모든 변화와 생성이 언제나 생성의 이전과 이후로 나누어질 수 있고, 그럴 때 후자가 전자를 전제로 한다면, 그 속에서 생성된 것의 관점에서, 어떤 것이 생성하는 주어진 순간의 시작을 결코 규정할 수 없을 것이다. 우리는 시작이라고 부를 수 있을 모든 것과 그 이전의 순간 사이에 여전히 다른 것을 끼워 넣을 수 있을 것이기 때문이다: "이 논법은, 그것이 타당한 한에서, 아래와 같은 두 가지 전제에서 나오는 모순을 낳는다: (I) 생성하는 가운데서 어떤 것(**진정한 존재**)이 생성한다, 그리고 (II) 생성의 각 작용은 앞 단계와 뒷 단계로 나눌 수 있으며, 그 자체도 생성의 작용이다." (PR, 142/106/68)

생성이 **어떤 것**의 생성으로 생각될 수 있기 위해서는 생성의 각 작용이 직접적인 후속자를 가져야 한다. 즉 생성 자체는 연속적으로 진행할 수 없고, 비약이 있을 수밖에 없다: "이로부터 나오는 결론은 생성의 각 작용에서 어떤 것의 생성은 시간적인 연장延長과 함께 주어진다는 것, 그러나 이 작용 자체는 생성된 것의 외연적인 가분성可分性에 상응하는, 생성의 전과 후로 분할할 수 있다는 의미에서 외연적인 것은 아니라는 것이다." (PR, 143/107/69) 시간은 사실상 무한히 분할할 수 없으므로, 아킬레우스가 거북이를 추월하는 것(원래는 뛰어 넘는 것)은 가능하며, 그래서 무시간적 순간이란 있을 수 없으므로, 화살은 날아가는 매 순간 움직이는 것이다. 만일 무시간적인 순간이 존재한다면 도대체 어떻게 해서 시간적인 지속과 같은 무엇이 발생할 수 있는지 이해될 수 없을 것이다. 왜냐하면 연장없는 현재의 무한한 결과는 연장된 시간을 만들어낼 수 없기 때문이다. 그러므로 시간은 시간양자量子로 이루어져 있다고 가정하는 것은 의미가 있다. 이미 윌리엄 제임스는 이런 견해를 표명한 바 있다: "만일 모든 변화가 이른 바 물방울과 같은 방식으로 일어난다면, 현실적인 시간이, 우리의 감각이 어딘가에 맞닥뜨릴 때 일어나는 것과 똑 같이, 발생하거나 아니면 고정된 지속의 통일에서 생겨난다면, 우리가 논쟁을 벌여야 할 제논의 역설이나 칸트의 이율배반도 있을 수 없을 것이다."[62]

그러나 이 시간양자의 성과만이 시간을 구성하기 때문에, 시간성은 본질적으로 이 시간양자에 적합하다. 그러므로 이 성과는 자기자신과 동일한, 지속하는 사실로서 존립할 수 없고, 그 본질적인 통일성을 상실하지 않은 상태에서 자기 안에 역동적으로 정위되어 있어야 한다. 현실적 개별존재 생성의 내적 과정은 앞의 계기와 뒤의 계기로 구분될 수 있으면서도 동시에 시간 속에 있지 않다는 것은 시간이 현실, 즉 존재자들(Seiende) 사이의 관계에 상응하기 때문이라고 말할 수 있다. 어떤 현실적 개별존재의 생성에서 계속적으로 결합되는 요소들은 본래적인 의미에서 현실적이지는 않

---

62 W. James, *A Pluralistic Universe*(1908), Cambridge, Mass./London 1977, 104쪽.

은데, 그 이유는 그것이 어디까지나 기능적으로 비규정적이며 그것이 완전히 발생하는 현실의 통일 속으로 편입될 때까지 그 통합적 잠재성 안에 포함되기 때문이다. 통일이 이루어지고 생성이 종결되었을 때 비로소 시간적 성과 안으로 배열될 수 있는 어떤 것이 현존한다. 앞서서 일어난 것은 다른 현실적 개별존재에게는 말 그대로 존재하지 않는다. 다양한 것의 잠재성으로부터 새로운 현실의 출현과 더불어 동시적으로 그 새로운 현실과 직접적으로 지나간 계기 사이의 간격은 실재적으로 된다: 그래서 생성은 시간 안에 있지 않으면서도 훌륭히 생성된 존재이다. 이것은 이런 관점에서 슈뢰딩거Schrödinger[63]의 고양이와 유사한데, 이에 따르면 상자를 바라보는 순간에 비로소 그 안에 있던 고양이가 죽는데, 그렇다고 바라보는 행위가 고양이가 죽는 원인이 되는 것은 아니라는 것이다.

생성의 다양한 요소들의 통일은 각 요소가 언제나 이미 생성된 현실과 관련된 주체적 목표에 의해서 성취된다. 이런 의미에서, 오직 이런 의미에서만 전체는 그 부분들의 생성 가운데서 현실적으로 존재한다. 화이트헤드는 여기서

----

63 1887~1961. 오스트리아의 물리학자로 1933년 영국의 디렉과 공동으로 노벨 물리학상을 받음―옮긴이.

"현실의 세포이론"에 관해서도 언급한다: "유기체철학은 현실의 세포이론이다. 각각의 요소적인 사실들의 통일은 상응하는 완전한 현실의 성분으로 분석될 수 없는 세포복합체다."(PR, 401/334/219) 획기적 시간의 이론은 그런 이유만으로도 벌써 진지하게 받아들일 수 있는 대안이다. 그 이유는 이 이론이 세계를 본질적으로 과정적인 것으로 파악하면서 동시에 영원한 과정에서 철저히 규정된, 즉 자기자신과 동일한 존재자를 생성하는 것으로 받아들이기 때문이다. 그런 한에서 이 이론은 존재와 생성에 대한 상호적인 배척을 넘어서기 위한 본질적 계기일 수도 있다. 획기적 시간의 이론에서, 이 이론이 결국 정당화될 경우, 존재도, 생성도 현실 가운데 자리할 것이다.

그것이 과연 그런 것인가 하는 것은 어떤 한도에서 생성된 현실적 개별존재에 존재가 허용될 수 있는가 하는 문제에 달려 있다. 왜냐하면, 현실적 개별존재가 존재해야 할 그대로 생성을 마치자마자, 그것이 그 과정의 충족("satisfaction")에서 완전히 하나가 되자마자, 그것이 자립적으로 존재하기를 그치기 때문이다. 극단적으로 말하면, 본래적인 의미에서 존재하는 것은(즉 그 생성에서 빠져나오면) 이미 더 이상 존재하지 않는다. 반면에 그것이 생성하는 동안에는 아직 존재하지 않는다. 그러나 그렇다면 그것은 과연 언제란 말인가?

3) 충족과 소멸

과정원리는 존재론적 원리와 더불어 생성론이 소멸("perishing")론에 의해서 비교될 것을 요구한다. 왜냐하면 생성에 어떤 다른 것, 이미 생성된 것이 바탕에 있지 않을 경우에는 아무 것도 발생할 수 없기 때문이다. 어떤 것이 생성하는 동안에는 비규정적이며 파악될 수도 없다. 그러므로 낡은 것이 생성을 그치고 지나가기 전에는 새로운 아무 것도 발생할 수 없다.[64] 지나간 것으로서의 그것은 다른 것에 대해서 현재한다: "과정이 지나가면 그 존재의 직접성은 직접성의 비존재로 전환된다. 그러나 이것은 물론 이 사건이 단적으로 무라는 것을 의미하지는 않는다. 그것은 어디까지

----

[64] 아낙시만드로스의 유명한 명제는 이 관점에서 해석될 수 있다: "그러나 사물이 거기로부터 발생하는 곳에서는 그 몰락 또한 그 원인에 걸맞게 발생한다. 그 이유는 사물이 시간의 명령에 맞추어 서로간의 속죄와 보상을 하기 때문이다."(*Die Vorsokratiker. Die Fragmente und Quellenberichte*, hrsg. von W. Capelle, Stuttgart 1968, 82쪽.) 화이트헤드가 이 구절을 알고 있었다는 증거는 없다—그는 결코 자신의 저서에서 (제논은 예외로 하고) 소크라테스 이전 철학자들을 다루지 않았다.

나 '완고한 사실'(stubborn fact), 확고부동한 사실이다. 시간
은 지나가고 부채負債만 남는다. [...] 과정의 비존재는 그 대
상적 불멸성이다."(AI, 420f.[65]/350) 이에 따라 현실적 개별존재
의 본성에는 이중의 방식으로 존재함, 즉 먼저 "존재의 직
접성"의 방식으로, 다음으로 "직접성의 비존재"의 방식으로
존재함이 들어 있다. 전자는 현실적 개별존재의 "형식적"
존재, 후자는 "대상적" 존재라고도 불린다.

형식적으로 보면 현실적 개별존재는 그 생성의 과정이고,
대상적으로 보면 충족에서 드러나는 과정의 성과다. 충족은
과정의 최후로서 끝마치는 단계이며, 현실적 개별존재 자
체의 피안에 있는("beyond itself") 것을 체현(구체화)한다.(PR,
402/335/219) 충족이라는 말은 현실적 개별존재 자체가 느
끼는 자신의 한 상태를 기술하는 듯한 인상을 주는 한에서
는 그릇된 것이다. 그럼에도 불구하고 한 현실적 개별존재
의 충족은 자기자신을 위해서가 아니라, 단지 다른 것을 위
해서 존재한다. 충족은 자료로서의 현실적 개별존재로 여겨
지며 그러므로 완성 혹은 완료를 뜻한다. 이것은 특히 어떤

---

65 나는 여기서 붑저(E. Bubser)의 번역을, 다른 구절과 마찬가지로, 따르지 않는
데, 그 이유는 사태를 잘못 해석하기 때문이다. 원텍스트에 "The not-being of
occasions is their 'objective immortality'"라 되어 있는 것을 그는 이렇게 옮긴
다: "사건의 비존재는 그 '대상적 불멸성'의 형식이다."

한 현실적 개별존재도 "자기자신의 충족을 의식할" 수는 없다(PR, 169/130/85)는 화이트헤드의 분명한 언급에서 밝혀지는데, 우연히 그런 것이 아니라 사태의 본성에 들어 있는 것이다. 그 이유는 충족을 충족으로 느낀다면, 그것은 바로 그것을 통해 통합하는 과정의 한 요소일 것이고, 그 자체로 과정의 성과에 영향을 미칠 것이기 때문이다. 그러나 충족은 성과 자체다.

만일 사정이 이러하다면, 이것은 현실적 개별존재가 자기자신을 철저히 규정된 하나로서 느낄 수 없다는 사실에서 귀결된 것이다. 현실적 개별존재는 자기자신에 대한 의식을 가지지 않는다. 그것이 그 어떤 경우에도 가지고 있는 것은 자신의 경험에 대한 최초의 자료로서 제공되는 것, 그리고 존재해야 할 것(주체적 목표의 형태로)에 관한 의식이다. 달리 말하면 현실적 개별존재는 자기 속에 과거와 미래에 관한 지시사항을 가지지만 현재에 관해서는 그렇지 않다. 그러나 현실적 개별존재는 스스로를 의식하지 않고도 자신의 자료를 **하나**로 경험할 수 있는가?

화이트헤드의 합생의 과정과 비교할 수 있는 것은 칸트의 통각(Apprehension)의 종합이다. 칸트는 이것을 이렇게 정의한다: "[...] (나는) 통각(Apprehension)을 지각, 즉 그 경험적 의식이(현상으로서) 가능하게 되는 경험적 직관에 있어서의 다양성의 결합이라고 이해한다."[66] 칸트의 이 공식화는 그가 종합을 종합되는 것에 관한 의식 **이전에** 부가했음, 달리 말하면 종합은 어떤 일정한 것이 경험될 수 있기 **이전에** 완결되어 있어야 함을 인식하도록 해준다. 이것을 합생의 과정에 옮겨놓으면, 대상은 또한 주체에 대한 대상으로서 과정이 종결될 때 비로소 경험될 수 있음을 뜻한다. 말하자면 과정의 진행 중에는 주체만이 아니라 그 대상도 명료하게 규정된다. 과거의 수많은 현실적 개별존재들로부터 하나의 대상이 생성되자마자 그와 더불어 그 안에 하나의 주체도 주어진다. 양자는 직접적인 경험에서 하나로 합치된다. 윌리엄 제임스가 이렇게 말하듯이 말이다: "[...] 경험 자체에는 그것을 나타내는 것과 나타내어지는 것 사이의 이원론이 없다. 그 순수한 형식에, 혹은 그것이 고립되어 있을 경우, 의식과 그것이 의식하는 것 가운데 경험의 틈새 같은 것은 없다."[67]

화이트헤드에 있어서 주체**와** 대상에 관한 일관된 규정성

---

66 I. Kant, *Kritik der reinen Vernunft*, B 161.

67 W. James, Does Consciousness Exist?, 13쪽, in: *Essays in Radical Empiricism*, Cambridge, Mass./London 1976, S. 3-19. Dt. neuerdings im Materialienband zu *Prozess und Realität*: Prozess, Gefühl und Raum-Zeit, Frankfurt/M. 1991, 191-206쪽.

은 현실적 개별존재의 충족에서 도달한다. 그러나 이 충족은 화이트헤드에 의하면 현실적 개별존재 자체에 대해서 존재하는 것이 아니기 때문에 하나의 현실적 개별존재는 자기 자신도, 다른 현실적 개별존재도 의식하지(경험에 관한 가장 보편적인 의미에서) 않는다고 결론지어야 한다. 그러나 이것은 불가능한데, 구체적인 세계 경험이 없다면 하나의 현실적 개별존재는 화이트헤드가 존재해야만 한다고 한 것, 즉 경험의 통일과 "모든 사물들의 체계"가 아닐 것이기 때문이다.

화이트헤드는 적어도 이런 어려움이 있다는 것을 느끼고 있었던 듯하다. 왜냐하면 『과정과 실재』에는 충족이 한 현실적 개별존재의 형식적 존재에 함께 속한다고 말하는 듯한, 매우 이례적으로 불분명한 구절이 있기 때문이다: "그 충족의 국면에 있는 현실적 개별존재라는 개념과 더불어 현실적 개별존재는 다른 것들로부터 분리된다. 그것은 자료를 흡수하여 '결단'에로 전환되어도 아직 자신을 상실하지 않는데, 이에 의해서 자신의 노력은 그 대신에 등장하는 다른 현실적 개별존재의 자료로 된다. 만일 가능하다면, 시간은 멈춘채다."(PR, 288f./233/154) 화이트헤드는 이 구절에서 충족과 결단(decision)을 구별하는데, 이때 주체적 직접성이 대상적 불멸성으로 전환됨은 얼핏 보기에 이 새롭게 도입된

150

결단의 국면으로 옮겨지게 되어 충족이 여전히 과정의 주체에 의해 지각될 수 있도록 된다. 이런 의미에서 크리스천 Christian도 화이트헤드의 철학에 관한 그의 초기 연구에서 충족을 말하자면 "합생의 과정 가운데 있는 부분의 파악을 모두 부정하는, 그 주체와 관련하여 직접적인 느낌"[68]이라고 해석한다.

그러나 충족과 결단을 이렇게 구분하도록 하는 아포리아 (난제, 길 없음)는 명백히 모순적인 화이트헤드의 다음과 같은 공식화에 공공연히 나타난다. 즉 시간은, 만일 그것이 가능하다면, 멈추어 있을 수 있다는 것이다. (그러나) 시간은 멈출 수 없다. 현실은 언제나 본질적으로 과정이기 때문이다. 그러나 경험이 현실에 대하여 본질적인 것으로 입증된다면 시간은 분명 정확히 멈추어야만 한다. 레클럭I. Leclerc은 이 문제를 이렇게 풀려고 한다. 즉 그는 충족에 대하여 "분리된 분명한 느낌"이라는 지위를 부여하지 않고 그 대신 그것이 앞서 존재했던 느낌들의 완성된 축적에 성립한다고 가정한다.[69] 이것은 아마도 충족이 물론 그 분명히 한정지어진 특

------

68 W.A. Christian, *An Interpretation of Whitehead's Metaphysics*, New Haven 1959, 25쪽.

69 Vgl. I. Leclerc, *Whitehead's Metaphysics*,, a.a.O., 186쪽.

수성이라는 관점에서 일상적인 느낌과 동일한 것은 아니지만 어떻든 느낌이며, 말하자면 일종의 주체에 내재하는 완성 혹은 통일의 느낌이라고 말하려는 듯하다. 고힌J. Goheen도 충족이란 "단지 합일의 느낌"[70]이라는 견해이며, 여기서 강조점은 "합일"에 주어지고 "단지"라는 말은 분명히 충족에서는, 과정적-기술적技術的 의미에서, 올바른 느낌이 문제로 되는 것이 아님을 뜻한다. 그러나 고힌도, 레클럭도 어떻게 해서 그 자체로 과정의 부분이 아닌 하나의 느낌이 존재할 수 있는지를 이해시키지는 못했다.

> "충족이란 그때마다의 개별존재가 개별적인 어떤 것에 도달했음을 뜻한다. 그것은 자기 자신의 구체화에 기여하는 한 성분으로 해석될 수 없다. 그것은 [...] 과정에서 분리된 성과이며, 이를 통해서 과정이면서 동시에 성과인 원자적 개별존재의 현실성을 상실한다. [...] 충족은 오히려 '실체' 혹은 '주체'로서 '초월체'이다. [...] 그때마다의 현실의 '형식적' 실재는 그 구체화과정에 속하지 그 '충족'에 속하지 않는다. 유기체철학은 플라톤의 '그러나 결코 현실적으로 존재하지 않는'이라는 표현을 정확하게 이런 의미로 해석한

70 J. Goheen, *Whitehead's Theory of Value*, 455쪽, in: Schipp, a.a.O., 437-459쪽.

다. 왜냐하면 초월체는 오직 그 '대상적 불멸성'의 도움을 받아서만 해석될 수 있기 때문이다." (PR, 168f./129/84)

이것을 보다 분명히 이렇게 나타낼 수 있다: 충족은 과정의 초월체이고, 초월체는 주체적 직접성에 속하지 않는다. 내가 보기에는 이 딜레마는 오직 어떤 주체도 결코 자기의 현실계를 분명하게 경험할 수는 없다, 즉 주체는 자기자신을 결코 완전히 규정할 수 없다는 가정 아래에서만 해소될 수 있을 것이다. 여기서는 언제나 분명해지기 위한 도상에 있을 뿐, 결코 거기에 도달하지는 못한다. 그 자기구성의 가능성은, 그것이 존재하는 한, 결코 다하여지지 않기 때문이다. 죽음이 여전히 삶의 부분이 아닌 상태에서, 하물며 부단한 선취의 형식에서라도, 인간의 생명이 죽음에서야 비로소 다하여지듯이, 현실적 개별존재도 언제나 스스로를 앞서며 자기를 과거로부터 성장하면서 미래 속으로 상실해 가는 것으로서 느낀다. 그러므로 주체는 본래적으로 존재하면서, 자기자신과 동일한 것으로서 결코 자기 자신을 위해서가 아니라 오직 타자를 위해서 존재한다. 만일 그렇지 않다면, 충족이 직접적으로 느껴진 것이 아니라면, 결코 우리 자신의 경험은 시간 속에서 지속적으로 존재하는 것으로서 설명될 수 없을 것이다.

충족에서 표현되는 현실의 원자성은 주체의 경험 대상이 아니다.[71] 그럼에도 불구하고 경험의 주체에 관해서 말할 수 있다는 것은 오직 주체적 목표의 통일을 보장하는 기능에 달려 있는데, 이 목표는 처음부터 과거의 현실적 개별존재를 새로운 현실적 개별존재로 합생하는 과정을 주도한다. 그러나 주체적 목표 자체가, 앞으로 보게 되겠지만, 언표의 양식을 취하는 복합적인 개념적 느낌("propositional feeling") 인 것으로 보이기 때문에, 과연 어떻게 자기 자신의 완성과 실현을 체험하지 못하는 주체가 그럼에도 불구하고 자기의 성취 과정에서 말 그대로 현재現在하는가 하는 문제가 남는다. 그러므로 획기적 시간의 이론에 남겨지는 불가사의한 잔여문제는 어떻든 극복할 수 없는 어려움들이 있다는 사실을 잊어서는 안 될 것인데, 다른 비-획기적 시간이론은 이런 어려움이 없다.

우리는 지금까지 특히 현실적 개별존재의 생성과 대결했

----

71 Vgl. W. James, A Pluralistic Universe, a.a.O., 113쪽: "문자 그대로 현재의 순간 이란 순수하게 동사적인 추측이지 어떤 위치가 아니다. 유일한 현재는 단 한번 구체적으로 실현되는데, 시간의 뒤쪽에서 죽어가고 그 여명의 미래는 그 빛과 섞이게 되는 '통과하는 순간'이다. '지금'이라 말하면서 그것은 당신이 그렇게 말하는 바로 그 동안에 **과거로** 된다.

기 때문에 존재를 시야에서 좀 잃어버렸다. 그런데 문제는 현실적 개별존재가 "불멸적인 것"으로 될 때, 거기에 남겨지는 것은 무엇인가 하는 것이다. 그 대상적 존재는 어느 한도에서 그 생성과 구별되고, 그것은 얼마나 그리고 어떤 형식으로 존립하는가? 문제로 제기된 것은 말하자면 "현상의 구출"(플라톤) 혹은 생성이 존재 속에서 **지양止揚됨**이다.

4) 대상적 불멸성

과거의 현실적 개별존재는 그 주체적 직접성에서 자기활동적 과정으로서가 아니라 영원적 대상에 의해서 분명히 규정된 사실로서 파악된다. 파악되지 않는 것은 한 현실적 개별존재의 내재적 통일이다. 그러나 한 현실적 개별존재가 그 생성에 의해서 산출하는 성격은 현실계의 한 사실이다. 그러한 사실은 자기가 모든 후속하는 현실적 개별존재에 대하여 불가피하게 인과적 효과성을 가진다는 사실에 의해서 나타난다. 현재가 무엇인가 하는 것은 대부분 과거, 즉 그 속에 있는 모든 개별적인 계기가 무엇이었나 하는 사실에 달려 있다. 이런 의미에서 과거는 죽지 않고 부단히 자기를 창조하는 현재 속에 언제나 계속해서 살아 있다. 왜냐하면 그때마다 성취되었던 그 어떤 것도 소멸하지 않기 때문이다. 소멸되는 것은 어떤 현실적 개별존재의 직접적인 체험, 필연적으로 상세히 규정될 수 없는 주체성이다.

합생("concrescence")과 합생된 것("concretum")의 존재 차이는 기본적이다. 전자가 원칙적으로 능동성, 현재성, 불가분성, 내적 관련성에 의해서 규정되는 반면, 후자는 수동적, 과거적, 그 구성성분으로 분해가능하고, 단지 외적으로만 관련된다. 그러므로 클라인Kline은 정당하게도 확실하게 구별되는 두 존재의 존재론적 차이에 관하여 몇 가지 언급한다.[72] 그러나 이 차이는 정적靜的 이원론이라는 의미에서 절대적으로 이해되어서는 안 된다: 만일 여기서 도대체 이원론에 관해서 언급될 수 있다면, 그것은 오직 자기 자신을 지양하는 역동적인 이원론에 관해서만 가능한데, 왜냐하면 모든 현실적 개별존재는 자기 자신을 초월하여 하나의 기능단계에서 다른 기능단계로 이행하기 때문이다. 양자는 서로에게 본질적이며 서로를 보완한다: 주체적 직접성이 없다면 불멸하는 것이 없을 것이고, 대상적 불멸성이 없다면 직접적으로 경험될 수 있는 것은 아무 것도 없을 것이다. 현실적

---

72 G.L. Kline, Form, Concrescence and Concretum, 135쪽, in: Ford/Kline, a.a.O., 104-146쪽.

개별존재가 언제나 상이한 두 역할을 한다는 사실은 진행하는 과정의 가능성의 조건이다.[73] 현실적 개별존재의 내외적 측면은 "창조성의 율동"[74]을 산출한다—그리고 바로 이를 통해서 이 율동과 합일된다: "창조적 과정은 율동적이다: 그것은 다수의 공공성으로부터 개별적 개인성으로, 그리고 거꾸로 사적인 개인으로부터 대상화된 개인의 공공성으로 요동칠 것이다."(PR, 283/229/151)

"대상화된" 개인은 다른 관점에서 보면 "사적인" 개인이다. 인간의 경험에서 과거의 나 자신에 대한 생생한 기억은 현재 가운데 과거가 계속 존재한다는 데 대한 확증을 제공한다. 직접적 체험과 그에 대한 단순한 기억의 차이는 주체적 직접성이 사라져서 대상적 불멸성이 된다는 사실에 대한 개념을 부여해준다. 경험 일반의 본질적인 계기인 기억은

----

73 철학사적으로 발견되는 내적인 것과 외적인 것이라는 두 가지 존재양상의 구별에 관한 흥미로운 예는 야콥 뵈메의 사물 개념에 있다. 이에 대해서는 G. Böhme, Jakob Böhme, S. 167, in: G. Böhme(Hg.), *Klassiker der Naturphilosophie*, München 1989를 참고할 것: "한 사물은 본질적으로 내적인 것과 외적인 것의 차이에 의해서 규정되며, 양자를 매개하는 것은 그 표출이다. 사물은 내적인 본질과 외적인 기호를 가진다. 이 기호는 어떤 도구의 분위기와 같이 작용한다. 기호는 물론 자신의 가능한 표출을 제한하기는 하지만, 그런 한에서 본질은 그 자체로서 계시되지는 않는다고 말할 수 있다. 그러나 다른 측면으로 표출이 없다면 단지 불명료한 흐름만이 있을 뿐, 본질의 일정한 표출에는 이르지 못할 것이다."

74 W. Christian, An Introduction of Whitehead's Metaphysics, a.a.O., 168쪽.

그러나 또한 이른바 불멸성이란 얼마나 제한적인가 하는 것을 보여준다. 왜냐하면 체험하는 모든 것이 기억되지는 않고, 많은 것이 빠르게 과거로 사라지며, 몇몇은 천천히 사라지기 때문이다. 우리는 많은 것들을 언젠가는 다시 한번 기억하고, 다른 것은 언제나 망각하며, 체험의 아주 적은 단편만이 시간의 흐름에 지속되는 것으로 보인다.

유기체적 시스템은 이 상태를 아무 문제없이 부정적 파악, 개념적 역전, 그리고 마지막으로 변환 등의 효과성으로부터 설명한다. 대상적 불멸성이 단지 현실적 개별존재가 언제나 매우 적음에도 불구하고 후속하는 세계에 대해 영향을 미친다는 것만을 의미한다면, 그러한 조화를 이루는 기능들은 현실적 개별존재의 불멸성에 관한 언급을 문제시할 아무런 이유도 없을 것이다. 화이트헤드는 그러나 이런 것 이상以上을 말하고자 하는 것으로 보인다: "[...] 과거의 파악은 과거가 지나가고 그래서 그 다음의 상태 속에 있는 한 요소로 남게 되는 한 요소임을 뜻한다 [...]. 우리가 존재한다는 것은 너무나 중요한데, 우리는 소멸 가운데서도 불멸적으로 되기 때문이다."(ESP, 89) 이러한 언급은 일단 생성된 존재가 과정 속에서 결합되어 있으면서도 그 자체로 그로부터 영향을 받지 않음으로써, 그 다음의 모든 생성을 견디어낼 때에만 이해될 수 있다. 또한 언제나 존재하는 것은 불멸성을 띠며, 이 불멸성은 언제나 생성하여 결코 사라지지 않는 현실적 개별존재이다. 화이트헤드는 이 현실적 개별존재를 전통에 따라 신이라 부른다.

5) 신

신은 일종의 현실적 개별존재다. 신은 존재의 고유 범주가 아니며 또한 화이트헤드의 철학체계에서 예외가 아니다. 그러므로 "신은 형이상학적 원리들에서 예외로 취급되어서는 안 되며, 형이상학적 원리가 붕괴되는 것을 막기 위한 목적으로 도입해서는 안 된다. 신은 이에 대한 가장 중요한 표본이다."(PR, 613/521/343) 모든 현실적 개별존재들과 마찬가지로 신은 물리극과 개념극을 가진다. 신 속에 있는 개념극은 "원초적 본성"(primodial nature), 물리극은 "결과적 본성"(consepuent nature)이라 불린다. 이 두 가지 본성에는 세계의 과정성이 다양한 양식과 방식으로 초월되고 지양止揚되어 있다.

현실계 안에 있는 모든 생성은, 세계 안에서 완전히 지양되지 않고 구성적으로 그 안으로 들어가는 규정성의 고갈

되지 않는 원천으로서 신의 원초적 본성을 전제한다. 이 말은 영원적 대상들에 관한 것인데, 그것이 실제로 존재하려면 그것이 실재화되어야만 가능한 것이지만 그렇다고 이것이 이것이나 저것이라는 특정한 실재화를 뜻하는 것은 아니다. 존재론의 원리에 따르면, 영원적 대상들은, 그것이 실제로 가능하기 위해서, 매 시간마다 그 어딘가에 존재해야만 한다. **모든** 영원적 대상들이 계속 가능하다는 것은 정적이면서 영원히 반복되는 것이 아니라 역동적인, 요약하자면 본질적으로 창조적으로 이해되는 과정적 현실을 위한 필연적 조건이기 때문에, 우연적이 아니라 필연적이고 가능성, 즉 그 개념극의 자료[75]로서의 가능성의 전체 다양성을 파악하는 현실적 개별존재가 있어야만 한다. 그러한 개별존재는 모든 가능성의 원천으로서 필연적으로 존재한다. 그 존재는 모든 가능성에 앞서고, 그렇기 때문에 그것이 존재하지 않는다는 것은 불가능하다.

화이트헤드는 신의 존재에 대해서 뚜렷한 증명을 제시하지는 않지만 그의 서술은 어느 정도 우주론적 증명과 존재론적 증명이 혼합된 형태를 취하고 있다. 그것이 우주론적

---

75 물리적 파악은 현실계의 현실적 개별존재, 즉 사실에 관련된다. 반면에 개념적 파악은 직접적으로 영원적 대상, 즉 실현을 위한 단순한 가능성을 지향한다.

인 이유는 신의 원초적 본성이 없이는 현실계의 생성이 불가능할 것이고, 존재론적인 이유는 신의 존재가 모든 가능성의 근거이고 그래서 존재하지 않는 것이라고는 생각될 수 없기 때문이다. 이렇게 생각된 신은 하나의 원초적인 사실이고, 그 자체로 창조성을 제외한 모든 현실적 존재에 (논리적으로) 선행한다. 신은 세계의 창조자는 아니지만 플라톤의 데미우르고스(Demiurgos)처럼 세계의 건설자이다. 신 자신이 형상形相의 혼돈에 하나의 질서를 부여하는 것이다. 신 자신도 언제나 활동하는 원초적 힘, 즉 창조성의 피조물인 것이다: "원초적으로 창조된 사실은 영원적 대상 전체에 대한 무제약적인 개념적 평가이다. 이것이 신의 '원초적 본성'이다. 이 전체적 평가를 근거로 도출된 각각의 현실적 개별존재 속에 있는 신의 대상화는 이 도출된 사건의 구체화국면에 대한 영원적 대상의 적절성의 단계구분으로 나아간다."(PR, 79/46/31)

화이트헤드는 "신을 제외하면 현실계에 실현되지 않은 영원적 대상은 그때마다의 구체화에 대해서 상대적으로 존재하지 않는다."(위의 곳)고 말한다. 절대적으로가 아니라 상대적으로 존재하지 않는다는 것은 적절하지 않은, 그래서 임의의 현실적 개별존재의 합생 속에 있는 요소로서 작동하지 않는다는 것을 뜻한다. 신은 가능성을 창조하지는 않지만 "예상하고"(envisage), 질서지으며, 그 가능성을 평가하여 진화하는 세계에 정해진 형태와는 다른 형태를 실현할 유혹을 제공한다. 모든 가능성에 대한 원초적인 개념적 평가로서의 신은 그 출현의 시초에 다른 모든 현실적 개별존재에게 그 합생의 주체적 목표로서 주어진 "느낌의 유혹"(lure for feeling)(PR, 614/522/344), "욕구의 영원한 충동"(eternal urge of desire)(위의 곳), 혹은 "우주의 에로스"(Eros of the Universe)(AI., 326)다. 화이트헤드의 신은 이런 관점에서 사랑을 받음으로써 세계의 과정이 시작된다는 아리스토텔레스의 부동의 원동자原動者와도 같다. 원초적인 평가 자체는 자유로운 창조적 작용으로 보아야 한다. 이 작용에는 그 어떤 근거가 따로 있을 수 없다는 것이다: "신의 개념작동의 통일성은 자유로운 창조적 작용이며, 사물들의 특수한 진행에 의해서 침해당하지 않는다.(PR, 614/522/344)

화이트헤드가 아직 신의 원초적 본성과 결과적 본성을 구분하지 않은 『과학과 근대세계』에서는 신이 분명 단지 한정지움의 원리("principle of limitation")(SMW, 208/178)로서 형이상학적으로 요청한 후에 원초적이라 부른 계기만을, 그 자체로서는 필연적으로 제한되어 있으나 그 가능성상으로 생각될 수 있는 현실적 개별존재를 뜻한다. 여기서 화이트헤드는 여전히 신적 질서의 근원적 비합리성을 강조하는데, 그것은 원초적이기 때문에 무근거한 것으로 머무를 수밖에 없는 것이다: "신은 최후의 한정지음이며, 그 존재는 근본적인 비합리성이다. 그 이유는 신이 그 본성상 수행하는 제한에 대한 아무런 근거도 부여할 수 없기 때문이다. 신은 구체적이지 않다, 그러나 구체적 현실의 토대다. 신의 본성에 대해서는 아무런 근거도 주어지지 않는데, 그 이유는 신의 본성이 도리어 합리성의 토대이기 때문이다."(SMW, 208/178) 『과정과 실재』에서는 강조점이 사물을 근거로 한 근본적인 비합리성에서 자가자신을 창조하는 주체의 자유로 옮겨진다.

그런데 신의 원초적 본성은 마치 신이 모든 창조 **이전에** 존재하기라도 하는 것처럼 이해되어서는 안 된다: 신은 모든 창조와 **더불어** 존재한다. 그런데 이것은 전제前提와 참여, 시초와 종말이라는 이중적 의미에서 그러하다: "신은 시초이며 종말이다."(PR, 616/523/345) 그 이유는 신을 오직 "창조성의 원초적 초월체(Superjekt)"(PR, 81/48/32)로만 이해하면, 신에게는 완전한 현실이 결여되기 때문이며, 그 이유는 개념적 파악은 또한 필연적으로 물리적 느낌을 포함하는 전체 사실의 부분에 불과하기 때문이다. 현실적 개별존재는 **언제나** 양극적이다. 또한 신은 영원적 대상들의 원초적 예시豫示를 함에 있어서도 아무런 의식을 요하지 않는데, 그것은 의식이 개념적 느낌과 물리적 느낌의 복합적 통합의 결과이기 때문이며, 여기서 가능성을 예시함이란 신에 있어서는 또한 그 가능성의 실현에 대한 충동이며, 이 충동은 어느 정도는 생성의 과정을 시작하도록 하는 신의 주체적 목표이기 때문이다. 이 목표는 신이 자기자신의 비전의 실현으로서의 의식과 동시에 자기자신에 도달하는 생성 과정의 발단이다: 우리는 이 "신적인 사랑을 그 각각이 각자의 시간에 유한한 형식으로 실현하려는, 저 충동으로부터 이끌어내어지는 모든 이상을 능동적으로 현재화하여 소유함이라 생각해야 한다. 신의 본질은 그 무한성을 유한한 현실화로 이끄는 과정이 없이는 생각할 수 없다."(AI, 481/357)

모든 현실적 개별존재는 본질적으로 자신의 세계 안에 묶여 있다. 이 현실적 개별존재들이 과연 무엇이냐 하는 것은 언제나 다른 현실적 개별존재가 무엇이냐 하는 것과 관련되어 있다. 같은 것이 신에 대해서도 타당하다: 신과 세계는 서로 항구적인 교호작용을 한다. 세계가 가능성에 대한 신의 원초적 준비 없이는 현실화될 수 없듯이, 신도 세계가 신 가운데 대상화되지 않고는 현실화될 수 없을 것이다. 세계가 유의미한 가능성을 현실화함으로써 신은 결국 자기자신을 현실화한다. 현실적으로 생성된 모든 것은 자신이 현실화됨의 계기에서 그것을 파악하고 그래서 자신의 생성에 있어서의 한 요소로 된다: "신의 본성의 완결은 신 속에 있는 세계의 대상화에 의해서 물리적 느낌의 충족으로 유도된다."(PR, 616/523/345)

그래서 신의 원초적 본성은 그 결과적 본성에 의해서 보충된다. 첫째, 신 속에 있는 영원적 대상들의 원초적 예시는 **모든** 가능성들의 예시로서 필연적으로 완벽하게 결정지어져 있어야 하며, 따라서 신의 생성에 의해서 영향을 받지 않기 때문에 세계의 영원한 흐름은 일단 과정의 모든 계기를 초월하는 영원한 질서 가운데 지양止揚된다. 둘째, 이 영원한 흐름은 신의 직접적 체험 속에 지양되는데, 여기서 모든 현실적인 것은 대상적 불멸성을 획득한다. 신의 결과적 본성에서 이 불멸성은 다른 현실적 개별존재에서보다 더 본래적으로 주어지는데, 그 이유는 여기서 대상화는 더 이상 역전과 부정적 파악에 의해서 제한되지 않기 때문이다: "여기에는 상실도, 좌절도 나타나지 않는다."(PR, 617/524/346) 모든 파악된 현실적 개별존재의 충족은 동시에 아무런 전망도 가지지 않으며, 그렇기 때문에 **완전히** 신의 직접성 안으로 진입한다:

"세계는 직접성과의 공명共鳴에서 느껴진다."(위의 곳)

신의 현실화는 모든 가능성의 현실화를 전제하지만 시간
계에서의 가능성이란 결코 총체적으로 실현될 수는 없기 때
문에, 신적인 생성은 무한한 것이다. 그러므로 모든 생성된
것은 영원히 신적인 자기현실화의 직접성 안에 살아 있으
며, 그 까닭은 신이 모든 현실적 개별존재처럼 변화하는 깃
이 아니라 **생성**하며, 신의 생성은 세계의 참된 불멸성을 포
함하기 때문이다: "신의 결과적 본성은 흐르는 세계이며, 이
세계는 그 대상적 불멸성에 의해서 신 속에서 '언제나 지속'
된다."(PR, 620/527/347) 화이트헤드에게는 여기에 존재와 생성
의 대립의 최후의 지양이 있는 것이다. 그는 『과정과 실재』
의 마지막에서 이렇게 강조한다: "창조는 그 최후의 목표,
즉 영속永續, 말하자면 세계의 신격화에 도달할 때, 지속성
과 흐름의 화해和解에 도달한다."(PR, 622/529/348)

6) 세계내재적인 정체성停滯性

우리가 알고 있는 세계는 본질적으로 사물들의 세계로서
화이트헤드의 현실적 개별존재와 그 어떤 유사성도 가지지
않으며, 차라리 아리스토텔레스의 실체와 유사하다. 우리

에게 알려진 사물들은 자기동일성을 가지는 것처럼 보이며, 이 동일성은 사물들 자체와 그 주변의 변화를 아무 문제없이 극복하도록 해 주어서 이 변화들이 현실의 참된 본질이 아닌, 단지 우연적인 계기들에만 해당된다는 결론에 이르도록 한다. 이것을 확신하려면 그냥 데카르트의 밀랍덩이만 생각해 보면 된다. 유기체철학에서는 이처럼 변화하면서도 동일하게 머무는 것을 "사회"(societies)라 한다.

그러한 사회는 동일한 형식요소를 토대로 한 서로 유사한 현실적 개별존재들로 이루어진다. 그러나 그 요소들의 동일성만으로는 사회 자체를 규정하기에 충분치 못하다. 여기서 무엇보다도 중요한 것은 한 사회의 질서는 이 사회에 내재하며, 단지 외적으로 논리적인 관계로만 존재하는 것이 아니라는 사실이다. 한 사회는 본질적으로 자기자신을 부담한다: "여기 사용되는 용어대로 한 '사회'에서 결정적인 것은 그것이 자기자신을 부담한다는 사실이다. 달리 말해서 그것은 자기자신의 토대를 이룬다는 것이다."(PR, 177/137/89) 사회들은 분명히 그 성원 모두에게 공통한 징표들에 의해서 규정되며, 이 징표들은 "사회 자체의 토대"인데, 그 이유는 이 규정하는 징표들은 영원적 대상들의 복합체로서 사회 자체의 내부에 있는 상호 대상화의 결과이기 때문이다: "그러므로 일군一群의 개별존재들이 하나의 사회인 것은 (I) 그 요소들을 분유分有, 제한하는 '특징'으로 인한 것, (II) 사회 자체를 고려하는 환경에 적합한, 제한하는 특징이 현존함으로 인한 것 등이다."(같은 곳) 동시적인 현실적 개별존재들은 서로를 파악할 수 없기 때문에 사회는 현실적 개별존재와는 반대로 필연적으로 언제나 시간적인 연장延長을 가지게 된다.

추가적으로 공간적 연장에 의해서 특징지어지는 사회는 인격적 사회 혹은 지속적 대상("enduring objects")과는 관련이 없는 입자적 사회를 뜻한다. 입자적 사회는 지속적인 대상들로 이루어진 개별적 묶음들로 분석될 수 있다. 이 대상들은 그 환경에서 독립해서 그때마다 개별존재들의 일정한 특징을 계승하며, 동시에 그 환경과 더불어 그리고 그것에 의거해서 가지는 일정한 특징을 나타낸다. 그래서 지속적인 대상들은 보통은 보다 포괄적인 (입자적) 사회의 내부에 있으며, 이 사회는 다시 보다 더 포괄적인 사회에 결속되어 있는데, 이 사회를 "구조화된 사회"라 부른다. 이 구조화된 사회는 "종속된 사회와 구조적인 상호관계로 이루어진 제한된 도식을 가진 연쇄체(Nexus)를 내장한 사회로 정의된다."
(PR, 193/151/99)

구조화된 사회 안에는 보통 아무런 사회적 질서도(아무런 규정하는 특징도) 나타내지 않고, 그런 한에서 자신이 머무는 사회와의 아무런 관계적 종속성도 갖지 않는 연쇄체도 있다. 그래서 예컨대 어떤 살아있는 세포는, 정의를 내리자면, 한편으로 말 그대로 그 자립성으로 인해 종속된 사회, 예컨대 (그 자체가 다시 구조화된 사회인) 분자로 파악되는 연쇄체를 포함하는 일종의 구조화된 사회인데, 그러한 연쇄체는 또한 그 공식 요소가 전적으로 그 세포적 환경에서 도출된 것이며, 그 자체로는 규정하는 특징을 유지할 능력이 없다. 이러한 비사회적인 연쇄체의 한 예는 세포 안에 있는, 겉보기에 빈 공간과 같은 것이다.

시간 안에 존재하는 신체적이고 인격적인 존재로 이해되는 인간은 (보통의 경우) 인격으로서의 인간이라는 우수한 인격적 사회를 갖춘, 최고도로 복잡한 구조로 이루어진 사회이다.[76] 이 인격적 사회는 다시 그 개념극의 명백성에 관한 한 높은 정도의 현실적 개별존재로 이루어진다:

---

76 사회와 우월성 개념의 위계적 분류에 관해서는 특히 『사유의 양상』 23쪽 이하를 참고할 것. 화이트헤드는 여기서 식물과 (그보다는 상위의) 동물 사이의 구분을 봉건사회와 민주사회 사이의 구분을 비유해서 설명하지만 이 구분이 어떻게 성립하는지는 매우 불분명하다. 동물유기체를 "집중적 원환의 보금자리"로, 우수한 사회를 그 중심점으로 파악할 것을 제안하는 크라우스Kraus의 설명 시도도 별 도움이 되지 않는다(E.M. Kraus, *A Companion to Whitehead's Process and Reality*, New York 1979, S. 69를 참고하라).

✢ "살아 있는 인간의 신체는, 그 과정들은 물리적 전개의 관점에서 보면, 낮은 수준에 머무르는 수많은 살아 있는 사회들로 이루어진다. 그러나 전체적으로 보면 인간의 신체는 그 과정들이 높은 정도의 심리적 발달에 도달한 살아 있는 인격적 사회를 담지하고 있다. 이 인격적 사회는, 그를 인격으로 정의하는 한에서, 인간**이다**. 이 사회는 플라톤이 말했던 영혼이다."(AI, 373/267)

여기서 의미심장한 것은 하위의 사회를 지지("support")하기 위한 전체의 조정이라는 개념이다. 화이트헤드에 의하면 사회는 결코 그 환경으로부터 완전히 독립해 있는 것이 아니라 언제나 원칙적으로 그 원조를 받는다. (규정하는 특징의 감소하지 않는 유전에 의한) 사회적 통일의 유지는 오로지 직접적 환경이 마찬가지로 모종의 안정성을 띠는 한에서만 가능하다. 생태학적 원리라고도 불릴 만한 이 원리는 **각** 사회를 보다 포괄적인 사회로 연결할 것을 요구한다: "각 사회는 그 자신이 한 부분을 이루는 사회적 배경을 필요로 한다." (PR, 178/138/90)

모든 존재하는 것은 환경에 매여 있다는 화이트헤드의 교설은 동시대의 체계이론(Systemtheorie)의 사유를 선취하

는 것으로서, 이 사유는 점증하는 생태학적 위기의 불가측
성과 더불어 자연과학자들 사이에서 점점 더 확산되고 있
다.[77] 인간이 스스로를 위협하는 자기부정의 관점에서 화이
트헤드가 1927년에 이미 "자기가 자신의 환경을 파괴하는
모든 물리적인 대상은 자살을 범하게 된다."(SMW, 133/109)
는 문장을 쓴 것을 보면, 이것은 가히 예언적인 수준이다.
이것을 인간 유기체에 연관시켜 보면, 사회적 연결이란 심
리적 사건이 물리적 기능에 내적으로 종속해 있고, 명백하
게 상이한 기관들과 그 부분들이 상호의존하는 것은 물론
공속하는 신체들은 그 환경에 의존한다는 것이다. 신체내
적인 환경과 외적인 환경의 안정성이 일정한 관용의 한계
를 넘어서 파괴되면, 인간이라는 사회는 더 이상 생존할 수
없어서 몰락하게 된다. 생존을 촉진하는 질서의 구조는 오
직 그것이 점차 자신을 대체하는 다른 구조로 변화하게 되
는 일정한 시간까지 유지되기 때문에, 각 사회의 생존은 제
한된다: "[...] 그 이상의 환경의 유리한 배경은 자신을 파괴
하거나 아니면 사회가 일정한 성장단계를 넘어서 존속하기
를 멈추게 된다: 그렇게 되면 사회는 그 요소들을 더 이상

---

77 이에 대해서는 E. Laszlo, *Introduction to Systems Philosophy*, New York 1972와 F. Capra, *Wendezeit*, Bern/München/Wien 1983, 293-339쪽을 참고할 것.

재생산하지 않고, 결국은 그 생존의 장으로부터의 일탈의 국면 이후 사라져 버린다."(PR, 179f./139/91)

(인간, 돌 등의) 존속 기간상의 여러 사회형태들의 뚜렷한 차이가 가리키는 것은 많은 사회의 환경 변화가 다른 사회에 대해서는 그다지 중요하지 않다는 점이다. 화이트헤드는 안정화된 사회들을 그 다소간의 정도로 구별하며, 매우 제한된 외적인 조건들에 의존하는 사회를 그 조건들과 관련하여 특수화되어 있다("specialized")고 부른다.(PR, 196/153/100 참고) 특수화되지 않은 사회는 그 구조적인 비결정성으로 인하여 긴 생존기간을 가지는데, 이 비결정성이 유연하게 반응하고 경우에 따라 밖으로부터 강요된 패턴("structural pattern")을 통합하여 자기자신의 것으로 만드는 일을 가능하도록 한다. 이런 사회를 구성하는 현실적 개별존재는 그 충족의 강도와 관련하여 어떻든 생존기간에 있어서의 높은 정도의 비규정성으로 인해 자신이 획득한 것을 상실하고 마는데, 그것은 이 충족이 다시금 패턴의 선명성에 의존하기 때문이다. 그러므로 자연의 길은 높은 복잡성을 가지면서도 가능한 한 특수화되지 않은 사회를 산출하여 생존과 체험의 강도를 매개하는 데 있다. 다음 장에서 지적되듯이, 이 성공적인 매개가 곧 생명 현상이다.

수많은 화이트헤드 해석가들, 그리고 이에 못지 않게 화이트헤드에 우호적인 인사들도, 화이트헤드가 전개한 사회 개념을 부적합한 것으로 여긴다. 이 사상에 대체로 결여된 것이 있다면, 그것은 한 사회의 통일이 결국은 그 구성원의 일정한 속성으로 환원된다는 것이다. 그 이유는 이 사실이 결코 우리의 일상적인 경험에 들어맞지 않으며, 이 경험에 따르면 인간 인격의 통일성이 근원적으로 주어져 있을 뿐, 그 이상의 어떤 연역도 허용되지 않기 때문이다. 이런 논지를 전개하는 유명한 화이트헤드주의자로는 존슨Johnson과 레클럭 등이 있다.[78] 펫츠Fetz조차도 이점에서는 이미 전통적인 반론에 따르면서도 그 밖에는 빼어난 자신의 연구에서 화이트헤드를 이렇게 비판한다: "인간을 다시금—의문스러운— 단순한 '사회'의 통일로 요약되는 수많은 본질들로 해체하는 대신에 보다 단순하고 현실에 들어맞는 훌륭한 해결은 인간을 처음부터 철저히, 화이트헤드의 출발점과 잘 맞도록, 좀 복잡하더라도 **하나의** 본질로 이해하는 일이다."[79]

---

78 A.H. Johnson, *Whitehead's Theory of Reality*(1952), New York 1972, 182쪽, 그리고 I. Leclerc, The Philosophy of Nature, Washington, D.C. 1986(Stuies in *Philosophy and the History of Philosophy*, Vol. 14), 122쪽 이하를 참고할 것.

79 R.L. Fetz, *Whitehead. Prozeßdenken und Substanzmetaphysik,* Freiburg/München 1981, 255쪽.

물론 이렇게 하면 아마도 사태가 보다 단순해지겠지만, 그래도 남는 물음은, 펫츠가 말하듯이, 사태가 과연 실제로 현실에 맞을까 하는 점이다. 펫츠의 대안이 사회적 통일 이론보다 더 "화이트헤드의 출발점"에 잘 들어맞을지를 검증하기는 어려운 일이다.

매 순간 우리 자신의 경험보다 더 직접적으로 주어지는 것은 아무 것도 없으며, 그러므로 존재자의 존재에 관한 모든 언급은 여기서 출발해야 한다는 사실을 상기해 보자. 인간이란 특수한 권한을 가지지 않았기에 현실적 개별존재가 아니며, 인간은 그때마다 이러한 경험통일을 하는 존재인 것이다. 이로부터 도출되는 것은 모든 새로운 경험이 곧 하나의 새로운 현실적 개별존재라는 것이다. 화이트헤드의 관점에서 생각하면 이와 다른 어떤 것을 생각할 수 없을 것이다. 그러나 인간의 경험을 거기로부터 현실적 개별존재의 개념이 도출되는 계기로 생각하여 규칙의 예외라고 본다면 이것도 잘못일 것이다. 화이트헤드가 인간을 수많은 본질들로 해체한다는 관점은 오직 실체론적 전제를 토대로 해서만 정당화될 수 있을 것이다. 그러나 이런 관점은 화이트헤드가 부정한 것인데, 그 이유는 이 전제가 인간이 실체로 주어져 있다고 전제하고 있으나, 구체적으로 입증할 수는 없으며, 그렇기 때문에 우선은 추상적인 무엇으로 취급해야만 하기 때문이다.

그 밖에는 인간이라는 사회의 통일성은 결코 "의문스럽"지 않으며, 심지어 실제적이다: 우리는 매 순간에 존재한다. 그리고 오직 사회에 결속되어 있다는 사실을 근거로 해서 존재한다. 우리는 그 사회의 일원이며, 마찬가지로 사회도 그 성원들의 상호적인 이해(파악)를 근거로 해서만 바로 그런 모습으로 존재하는 것이다. 화이트헤드가 말하는 사회는 분명 그 성원의 합 그 이상의 전체적인 것이다: 사회는 동시에 그 잠재력을 가진다. 화이트헤드는 의심할 나위 없이 사회를 우연히 유사한 특징들을 나타내는 현실적 개별존재들을 끌어 모은 것으로 생각하는 것을 잘못이라 생각했다. 하나의 현실적 개별존재가 소속한 사회를 벗어나면 존재할 수 없으며, 이것은 바로 다른 현실적 개별존재일 것이다. 이것은 하나의 세포 **속에** 있는 한 분자가 그 세포 **밖에** 있는 것으로 행세하는 것과 마찬가지다.

물론 한 사회의 통일은 무조건적으로 하나의 현실적 개별존재의 통일로 존재하는 것은 아니다. 정확히 말하면 동일률同一律은 한 사회에 대해서 단지 제한적으로만 적용할 수 있다. 그러나 이것은 전적으로 우리의 자아-경험에 해당한다. 때로 우리는 어제 말하고 행한 것에 놀란다. 그리고 적지 않게 현재의 자아와 10년 전에 그렇게 존재했던 자아 사이의 차이가 어쩌면 지금의 우리와 우리가 아는 대부분의 다른 사람들 사이의 차이보다 더 큰 경우도 있다. 그럼에도 불구하고 우리가 다른 사람들의 자아보다 과거의 내 자아와 더 강하게 동일하다고 생각하는 것은 우리의 분명한 기억에 의존한다. 만일 우리가 이 기억을 완전히 상실한다면 정녕 전과 동일한 인격을 가졌다는 사실은 전적으로 의심스러운 일이 될 것이다. 지나가버린 것이 지금 우리인 것으로 존재할 수 없다는 것 역시 명약관화하며, 그렇지 않다면 이것은 모순일 것이기 때문이다.

우리 자신의 과거 사건은 이제는 그것이 아직 과거가 되기 전의 시점과는 달리 우리 안에 존재한다는 것은 매우 분명하다. 이 사건들은, 화이트헤드의 용어로 하자면, 더 이상 주체적 직접성을 가지지 않는다. 우리 인격 속에 존재하는 시간적 차이는 현실적 개별존재의 차이이고, 우리의 시간적 동일성은 한 사회의 동일성이며, 그 이상도 이하도 아니다.

5

자유와 필연

1) 작용인과 목적인

"모든 시작은 자체 안에 완전한 자의恣意의 요소를 잉태하고 있다. 그것은 단지 모든 작용이 즉시로 그 다음의 전개의 원인으로서 확실히 결정되는 인과연쇄의 밖에 있을 뿐만 아니라, 원래부터 전혀 그 어디로부터 도출될 수가 없는 것이다. 만일 그렇지 않다면 그것은 시작이 아닐 것이다. 그러므로 시간과 공간에 관련되는 것은 그 어디로부터 나타나는 것은 아니다." 이렇게 한나 아렌트Hannah Arendt는 자신의 저서 『혁명에 관하여』[80]에서 서술한다. 현실적 개별존재는 필

---

80 H. Arendt, *Über die Revolution*(1963), München 1986, 165쪽. 옮긴이 주—시간과 공간도 분명 그 어떤 시작이 있을 것이지만 그 시작은 합리적 원인으로 밝힐 수 없는 성질의 것이다. 만일 그렇지 않다면 그 원인의 원인이 다시 필요할 것이고, 그것은 무한히 퇴행할 것이기 때문이다.

연적으로 그것을 파악하는 세계에 의해서 규정되는데, 이것은 곧 현재가 언제나 과거를 바탕으로 하고 있음을 뜻한다. 이 원리는 세계의 인과성을 설명해 준다: "원인이란 모든 현실적 개별존재가 **자신의** 현실계 안에 정주定住하고 있어야만 한다는 원리에서 나온 귀결 이외의 아무 것도 아니다."(PR, 161/124/80) 그러나 어떤 현실적 개별존재는 결코 **단지** 그 현실계의 "숙소"인 것만은 아니며, **단지** 그 결과이기만 한 것도 아니다. 결국 어떤 현실적 개별존재가 생성되는 것은 바로 자신의 자료에 대한 그 자신의 반응에 의존한다. 단지 그 자료에서만 본다면 어떤 현실적 개별존재의 본성을 확실하게 미리 말한다는 것은 불가능하다. 그 이유는 이 현실적 개별존재가 단지 그것이 왜 그렇게 존재하는지에 대한 단지 **하나의** 근거일 뿐, 전체 근거는 아니기 때문이다. 최후의 결단은 그때마다 생성하는 각 현실적 개별존재에 달려 있으며, 이 결단과 관련하여 어떤 현실적 개별존재는 언제나 자기자신의 근거이다: "어떤 시간적 사건은 자신의 둘째 속성의 관점에서—그리고 신은 그 첫째 속성의 관점에서— 자기원인이라는 실체에 대한 스피노자의 정의를 충족시킨다. (...) 우주에 고유한 자유는 자기-원인이라는 이 요소에 의거한다."(PR, 175/133/88)

이것은 분명히 현실적 개별존재가 그 물리극의 관점에서 인과적으로 결정지어져 있으나, 그 개념극의 관점에서는 자유롭다는 것을 뜻한다. 개념적 파악은 생성하는 존재의 주체적 목표에 알맞게 현실계에서 유래하는 물리적 파악에 응답한다. 앞에서 살펴보았듯이, 합생을 주도하는 주체적 목표는 전적으로 신의 원초적 평가에 관한 물리적 파악에 기인한다.(개념적 역전의 범주도 결국은 신의 원초적 평가에 대한 물리적 파악으로 환원될 수 있다.)[81] 주체적 목표는 작용인作用因의 전체를 충족시키는 목적인目的因이다. 이것은 목적인이, 작용인을 무규정화하도록 하는 것이 무엇인지를 명백히 밝히기 때문이다. 그럼에도 불구하고 주체적 목표 자체에서 어떤 현실적 개별존재가 자기자신의 근거(자기원인)이도록 하는 계기를 밝혀내는 것은 거의 불가능한데, 그 이유는 그 근거, 혹은 주체적 목표의 원인이 오로지 신 안에서만 발견될 수 있기 때문이다. 그러므로 제기되는 물음은 어떤 현실적 개별존재가 외적인 세계의 규정성을 가지는 자신의 인과적 기원과 주체적 목표 가운데 이미 존재하는 그 생성의 전개

---

81 "그러므로 보다 근원적인 서술은 시간적 주체 가운데 있는 역전된 개념적 느낌을 그 개념적 느낌의 원인으로 간주해야만 한다. 이것은 신의 경험 안에서 개념적으로 질서지어진 본질의 혼성적인 물리적 느낌에 관한 네 번째 범주에 의해서 도출된다."(PR, 456/250/382).

방향 사이에 또 하나의 이법적 공간을, 이 공간 속에 거기에 알맞은 자신의 자유를 부여할 수 있을 것인지, 만일 있다면 어느 범위까지 그러한지 등이다.

의심할 나위 없이 세계의 근본구조 가운데 자유를 정위定位하는 것이 화이트헤드의 의도이며, 또 화이트헤드의 철학 체계에 알맞은 이유에서도 그러하다. 그러나 이것은 오직, 화이트헤드가 말하듯이, 근거로서의 주체적 목표가 강요가 아닐 때, 명령이 아니라 어떤 현실적 개별존재가 그것을 들을 수 있거나 아니면 그렇지 않거나 하는 유혹 혹은 설득일 때에만 성공할 수 있다. 화이트헤드에 따르면, 이런 생각은 특히 세계에 대한 사랑이라 특징지어지는, 신에 관한 신약新約적 표상 가운데도 반영되어 있다. 그래서 신은 각 현실적 개별존재의 생성에 참여하면서도 그 영향은 강압적인 강요가 아닌 사랑의 형태로 나타난다. 폴스Edward Pols 같은 비판가에게 이러한 개념 가운데 행해지는 논의는 흡사 단순한 말의 마법(Wortmagie)에 지나지 않는다. 그의 견해에 따르면, 여기서 문제로 되는 개념은 "자유를 바라는 문맥에서 명예로운 은유라는 겉모습을 부여하며", 그 이외는 아무런 의미도 없는데, 그 이유는 "이 말이 **무엇인가**를 의미한다면, 언제나 무엇인가를 설득해야만 하고, 혹은 무엇인가를 유혹해야만 하기"[82] 때문이다.

폴스의 견해는 얼핏 보기에 좀 독창적인 데가 있는데, 왜냐하면 문제는 사실상 하나의 주어진 유혹에 이러저러하게 반응할 수도 있을, 이미 존재하는 것이나 어떤 것을 이루고 있는 것에 있기 때문이다. 그러나 이 어떤 것이 어떤 것의 생성을 유발하는 바로 그 유혹이라면, 그것은 어디에 있으며 또 무엇이란 말인가? 즉 신적인 설득이란 단지 그 이름에 따라 보건대 창조의 자유가 단순하고 비합리적인 요청으로 남도록 하는 그러한 것이란 말인가?

2) 신적인 설득과 피조물의 자유

신의 원초적 본성은 모든 영원적 대상의 예시豫示다. 그것은 자료로서 언제나 어떤 현실적 개별존재의 현실계에 속하면서도 그 절대적 보편성을 발판으로 각 주어진 현실계를 초월한다. 이 보편성에 의해서 이 현실계의 제한성을 넘어서 각 합생에 대한 새로운 가능성이 가능성**으로서** 처리할 수 있도록 된다. 이 처리할 수 있음이란 가능성의 신적 **질서**의 귀결이기 때문에, 그것은 또한 무엇보다도 일정한 가능

---

82 E. Pols, *Whitehead's Metaphysics*, a.a.O., 139쪽.

성의 실현을 위한 자극이며, 그렇게 하여 그 실현의 이상理想을 포함한다: "신이 세계를 보존하는 힘은 이상으로서의 자기자신의 힘이다."(RM, 116/140) 플라톤적으로 말하면, 신은 선의 이데아다.

그런데 신의 원초적 본성을 체계적으로 도입하는 본래적인 목적은 진행하는 과정의 근본 조건으로서의 새로운 가능성에 접근할 수 있음과 존재론적 원리를 합일시키기 위한 것이었다. 그럴 때 이 접근할 수 있음이란 그냥 현존하는 것이 아니라 본질적인 것으로 이해되었다. 이것은 어떤 일정한 가능성은, 그것이 왜 오히려 다른 것으로 실현되어야 하는지에 대한 이유가 있을 경우에만 본질적일 수 있다고 밖에는 해석될 수 없다. 그러한 **하나의** 중요성의 근거는 바로 영원적 대상에 대한 신의 원초적 예시다. 이 영원적 대상이란 신학적으로 신이 이 세계에 대하여 의지意志하는 것이라고 이해할 수 있다. 그 다음의 중요성의 근거는 어떤 현실적 개별존재의 대상화된 과거다. 그러나 어떤 현실적 개별존재로 하여금 그 현실계 안에 있지도 **않고** 신에 의해 의도되지도 **않은** 어떤 가능성을 파악하도록 움직이게 하는 중요성의 근거는 어디에 있단 말인가? 이것은 바로 폴스가 언급한 문제이며, 우리는 어떤 한도에서는 그의 견해에 동의해야 하며 이 문제에 이렇게 답해야 한다. 즉 그러한 중요성의 근거는 화이트헤드의 체계 안에서는 전혀 발견되지 않는다. 이 것은 인과적으로도, 목적적으로도 미리 주어지지 않은 가능성에 대한 사실적 파악이란 전혀 생각할 수 없거나 아니면 그것에 관한 그 어떠한 중요성의 근거도 존재하지 않음을 뜻한다. 이 후자의 경우란 완전한 자의恣意의 행위일 것이며, 그 자체로 일종의 무로부터의 창조, 말하자면 체계 가운데 있는 비합리적인 요소이며, 존재론적 원리에 저촉되는 일일 것이다. 그러므로 우리는 화이트헤드가 이러한 형식을 취하는 그러한 대안을 거부할 것이라고 가정할 수 있다. 결국 생성의 가능성은 그때마다의 현실적 개별존재에 대한 그 인과적이고 목적적인 규정들에 제한된다.

그런데 결정적인 물음은 단지 그러하기 때문에, 폴스가 피조被造적 자유에 관한 화이트헤드의 언급을 빈말에 불과하다고 잘못 판단한 바와 같이, 그러한 자유가 필연적으로 기만이라고 보아야만 하는가 하는 것이다. 이 물음에 대한 대답은 우리가 자유를 어떻게 이해할 것이냐에 달려 있다. 자유의 개념을 단지 그 근거만을 인식할 수 있는 것이 아니라 아무런 근거도 **없다**는 의미에서 현실적 개별존재의 그러한 결단에 관련되는 것으로 이해한다면, 그것은 곧 일종의 절대적 자유를 뜻하는 것이고, 그렇게 되면 현실적 개별존재는 사실상 전적으로 결정지어져 있는 것이다. 그러나 그러한 절대적 자유란 도대체 생각할 수 있는 것인가? 화이트헤드에게 그러한 자유란 존재하지 않으며, 여기에는 **근거 없는 것은 없다**(nihil sine ratione)는 원칙도 타당하다: "(...) 모든 현실적 개별존재는 원초적 국면에 있던, 그 현실적 우주에 대한 상대적인 입장에 의해서 '주어진' 자유를 가진다. 자유, 소여, 잠재성은 서로 전제하고 제한하는 개념이다."(PR, 253/202/133) 어떤 현실적 개별존재의 자유는 말하자면 결코 무전제가 아니라 언제나 그 현실계에 의해서 그것에 주어진 것으로서 제공된 것과 관련을 맺고 있다. 현실계는 그 안에서 자유로운 운동이 가능해지는 테두리로 경계를 표시하고 있다(침팬지는 하나의 돌에서 일종의 무기를 발견할 수는 있겠지만 크루즈 미사일을 만들어내지는 못한다).

그런데 과거는 현재 속에서 재생산되는 경향을 가지기 때문에(동화이론, 개념적 평가의 범주, 제3장 5절을 참고할 것), 이른바 현실적 개별존재에게 가능한 자유의 여지가 열리고 창조될 수 있기 위해서, 어떤 반대원칙(둘째의 관계성의 근거)이 요구된다고 말할 수 있을 것이다. 이 경우 이 반대원칙은 신적인 설득이 될 것이다. 이 설득은 생성하는 현실적 개별존재에게 그것으로부터 과거의 순수한 재생산을 회피할 수 있는 근거를 제공할 것이다. 이런 기능에서 신의 원초적 본성은 자유 일반(그러나 자유 자체는 아닌)의 근거가 될 것이다. 그러면 우리는 그러한 현실적 개별존재 안에 자유를 취하거나 거부할 수 있는 원초적인 자유로운 결단이 존재한다고 말해야 하는 것일까? 이것은 일종의 모순이 아닐까? 그리고 어떻게 그러한 결단이 서로 다른 사물들이 서로 다르게 자유롭다는 우리의 일상적 경험과 합치될 수 있단 말인가? 만일 누군가가 우리에게 어떤 돌이 말하는 것을 들었다고 말할 경우, 우리는 그가 정말로 **돌**이 말하는 것을 들었다고 믿지는 않을 것이다. 그 이유는 바로 자유로움이란 사물의 힘 안에 있는 것 같이 보이지 않고 우선 일단 **사물의 관여 없이** 자유의 가능성 속에 **설정되어** 있기 때문이다.

현실적 개별존재가 가지는 자유의 등급은 신의 원초적 본성(이법의 힘)이 현실적 개별존재의 발생 과정에서 가지는 영향력에 달려 있다: 그 현실계의 영향 범위가 크면 클수록 그 자유는 적어진다. 그러나 현실적 개별존재는 자유가 없이는 결코 완전하지 않다―그것이 계속해서 대부분의 것들에게 사라져 버릴 정도로 미약하다고 하더라도―. 그 이유는 신의 원초적 본성이 모든 것의 발생에 대하여 주도적인 질서원리이기 때문이다. 그러므로 신적인 영향의 강도는 또한 신의 의지에 달려 있는 것이 아니다. 오히려 신적인 질서는 오직 그것이 최소한으로, 그러나 언제나 동일하게 남는(그리고 결코 감소하지 않는) 압박으로써 인과세계의 압도적 힘에 대립함을 통해서만 설정된다. 그리고 빗물이 부드러운 힘으로 바위를 뚫는 것처럼, 우리는 신의 영향력의 결과가 시간의 흐름 가운데서 점차 커진다고 생각할 수 있다. 오로지 신적인 창조가 화이트헤드적인 의미에서 항구적으로 진행되기 때문에, 우주는 창조적인 것이다: 세계사는 자유의 진화로서 파악되어야 하고, 그 진행의 첨단에 인간이 서있으며, 인간 자신의 역사는 언제나 이미 그 진행을 위한 이념을 연출한 강압적 역할에 의해서 또 다시 신적인 설득의 작용에 관한 확신을 버렸으며, "이념이 [...] 작용하는 곳에서는 어디서나 자유도 존재한다."(AI, 171/83)

위의 논의에서 제출된 논제는 원초적 사실로서 그리고 이로써 생성에서 파악된 모든 현실적 개별존재의 목적인目的因으로서 그 자유를 제한하는 것이 아니라 정초한다는 것이다.(신학적으로 말하면 자유는 신의 선물이다.) 이것은 어떤 현실적 개별존재가 자유로움을 스스로 결단할 수는 없지만, 만일 (세계 과정에 대한 신의 영향에 힘입어 그 현실계에 대한 일정한 영향에 의한) 어떤 자유가 주어질 경우 더 이상 자신의 자유의 배후로 후퇴할 수는 없음을 뜻한다. 이 현실적 개별존재는 어디까지나 자유로운데, 그 이유는 신이 그 가운데 작용하고 있기 때문이며, 또 그러한 한에서 자유롭기 때문이다. 그러나 만일 이 사실이 옳다면, 바로 이런 이유로 일단—자유라는 말이 (우리에게 익숙한) 어떤 의미를 가질 경우— 어떤 생성하는 현실적 개별존재에 대하여 그 발생과정을 시작하는, 그리고 그것에 방향을 부여하는 시초의 주체적 목표(이는 부단히 새로운 통일을 총괄하고, 그래서 그것을 새롭게 형성하도록 유혹한다.)를 거부하거나 변경할 가능성이 성립해야만 한다. 불가분의 통일로서의 과정은 주체적 목표가 없으면 존재할 수 없기 때문이다. 둘째, 그리고 여기서 문제로 되는 것은, 이 거부가 그 원칙적인(그에게 가능한) 자유를 상실하도록 해서는 안 된다는 것이다.—그렇지 않으면 그 자체로 비교적 부자유스러운 현실적 개별존재(무기적 자연의 유형)는 그 자유와 관련하여 그 어떤 방식으로도 그 자체로 비교적 자유로운(예컨대 인간의 의식) 현실적 개별존재와 구별되지 않는다. 이러한 자유스러운 현실적 개별존재는 이상을 따르지 않고 자신의 과거와 일치되게 진행한다. 달리 말해서 어떤 현실적 개별존재는 그것을 자유롭게 하는 것(즉 신적인 이상)

을 자기자신의 충족을 위해서 대수롭지 않은 것으로 존재하도록 할 자유를 가지기도 해야 한다. 말하자면 시초의 주체적 목표가, 과정의 성과로 하여금 시초의 목표에 더 이상 부응하지 않도록 변경할 수 있는 과정이 존재해야만 한다.

이제 주체적 목표의 이러한 변경에 대한 결정적인 근거는 어디에 있는가 하는 물음을 제기한다면 이에 대한 설명은 순환론적으로 진행할 듯한데, 그 이유는 그 결정적인 근거가 단지 자기원인(kausa sui)이 기인하게 되는 현실적 개별존재의 최종적 반응일 수 있기 때문이다. 그럼에도 불구하고 이 추론이 본질적으로 우리 설명의 출발점과는 구별되는(그래서 존재론적 원리가 희생당하지 않도록 하는) 어떤 계기가 존재한다. 그 이유는 이 자유를 정초하는 주체적 목표를 변경하여 수정할 어떤 현실적 개별존재의 확보된 자유가 어디까지나 모든 경우 자기실현의, 그것에게 중요한 가능성에, 말하자면 근원적 목표를 거부하는 경우에는 인과적으로 작용하는 그 현실계에 관련되기 때문이다. 그렇게 되면 변경된 주체적 목표는 이렇게 미리 주어진 것에 대한 "동화"(conformation)일 것이며, 그렇게 되면 어떤 중요하지 않은 가능성의 실현이 **아니게** 될 것이다.

이런 해명에서 아홉 번째 범주적 제약인 자유와 결정성의 범주가 해석되어야 할 것이다. 이에 따르면 "모든 현실적 개별존재의 구체화는 [...] 내적으로 결정지어져 있고, 외적으로는 자유롭다"(PR, 73/41/27)는 사실이 타당한데, "모든 규정 가능한 것은 규정되어 있으면서도 언제나 이 구체화 자체의 주체-초월체를 결정하는 잔여물이 남는다."(같은 책) 이 최후의 결정은 물론 그 원인에 의거하지만 단적으로 도출되는 것은 아니다: 그것은 해소되지 않는 잔여물로 남는다.

사람들은 간단히 화이트헤드가 그렇게 함으로써 스스로 모순에 빠지고, 그렇게 하여 하나만이 아니라 둘을 모두 가지려고 하기 때문에 철학적으로 향유할 수 없는 댓가를 치른다고 비난할 수도 있을 것이다. 그러나 자유 문제에 대한 화이트헤드의 해결이 일종의 역설이라면 그것은 사태의 본성 가운데 있는 것이다. 그러므로 화이트헤드가 자유와 존재론적 원리 사이에서 추론하고자 하는 절충은(자유를 물 자체로서의 의지에 잘못 설정한 칸트를 연상케 하지는 않는 시도)[83] 필

---

83 "그러나 비판이 잘못된 것이 아니라면, 왜냐하면 그것은 객관을 두 가지 의미로 받아들일 것을 가르치며, 말하자면 현상이라, 혹은 물 자체라 가르치는데, 만일 그 오성 개념의 연역이 올바르다면, 따라서 인과성의 원칙도 단지 사물에 대한 일차적 의미로 받아들일 경우, 말하자면 그런 한에서 인과성은 경험의 대상이며, 바로 이 인과성은 그 이차적 의미에 따라 사물에 속하지 않게 되는데, 그래서 바로 그 동일한 의지가 현상 가운데서(가시적인 행위에서) 자연법칙에 필연적으로 들어맞는 것으로 되고, 그런 한에서 자유롭지 않게 되지만, 그런데도 다른 측면으로 바로 그렇기 때문에 자유로운 것으로 생각되며, 이 경우 모

연적이고 유의미한데, 그런 한에서 부담력이 있다. 왜냐하
면 자유의 모든 합리화는 어디에서나 한계에 부딪히기 때문
이다: 자유에는 모든 합리화를 차단시키는 요소가 있다. 이
것을 분명하도록 해 준 것은 베르그송Bergson의 업적이다.
그러나 화이트헤드의 업적은 이 합리화를 그 마지막 한계
에까지 밀고 갔다는 것이다. 이 한계는 일단 신의 원초적 본
성 가운데, 그 다음으로는 발생하는 모든 현실적 개별존재
의 궁극적 "결단" 가운데 발견된다. 이것은 자유가 의거하
는 두 기둥이다:

"논제는 모든 구체화가 제한된 자유로운 분리와 제한된 자
유로운 종결에 관련되지 않을 수 없다는 것이다. 원초적 사
실은 모든 사건에 대한 동일한 중요성을 갖는다는 의미에서
대우주적이다. 결론적 사실은 이 사건에 따라 특수하게 방향
이 정해진다는 의미에서 소우주적이다. 이 사실 가운데 어느
것도 그것을 규정하는 전제 조건을 나타낸다는 의미로 설명
될 수는 없다. 발생하는 사실은 궁극적으로 창조적으로 '충
족' 가운데 일으켜지는 역설의 결단이다."(PR, 106/75f./47f.)

순이 나타나지는 않는다."(I. Kant, *Kritik der reinen Vernunft* BXXVII/ XXVIII.)

도대체 자유가 존재한다는 것은 물론 입증되지는 않지만 화이트헤드는 자유라는 가설이 여러 가지 이유로 가까이 있다고 생각한다. 그래서 양자설量子說은 인식론적이 아니라 존재론적인 장애물인 결정론적 사유의 장애물임이 밝혀진다. 둘째로 세계의 진행은 결코 완전성의 징후를 보여주지 않는다, 즉 존재하는 모든 것은 그것과는 다르게 존재할 수도 있을 것**처럼 보인다**: "현실적인 흐름은 단순히 '주어진' 것으로 존재하는 속성처럼 나타난다. 그 흐름은 '완전성'이라는 속성을 드러내지 않는다."(PR, 104/74/47) 그러나 우리가 왜 자유의 존재를 거부할 수 없는가 하는 주된 이유는 그 존재를 아주 직접적으로 의식하지 못한다는 데 있다. 우리는 우리 자신을 일정한 한계 내에서 결정적으로 자유롭다고 체험한다. 우리가 자신의 행위를 인정하거나 오해하는 것, 자신을 우리의 행위로, 타인을 최후의 심정審廷에서 그들의 책임으로 여긴다는 사실은 우리 자신의 자유를 잘 알려준다. 그래서 우리가 인간을 자유롭다고 전제하지 않으면 안 된다는 것은 그에게 책임을 지울 수 있도록 하기 위한 것은 아니다: 오히려 우리는 인간이 스스로를 책임있는 존재로 파악하기 때문에 자유롭다고 생각하는 것이다. 화이트헤드는 정당하게도 이 자유로움의 감정이 단순한 망상이라 보기에는

너무나 확실한 것이라고 생각한다:

> "[...] 그 직접적인 경험이 우리 인간존재를 가장 완벽하게 자유롭도록 하는 현실성의 경우에 있어서 주체-초월체의 궁극적 결단, 바로 여기에 주체적 목표의 기초적 변화가 토대를 둔다. [이것은] 책임, 동의 혹은 반대, 자기존중 혹은 자기멸시, 자유와 역설에 대한 우리의 경험을 위한 토대이다. 이 요인은 단순한 오류를 구성하는 것이라고 없애버리기 쉬운 경험 속에 너무나 광범위하게 존재한다. 이것은 인간 삶의 전체 분위기를 지배한다."(PR. 104f.l74/47)

여기서 중요한 것은 우리가 언제나 행위에 대한 이유들을 가진다는 사실에도 **불구하고** 스스로를 자유로우면서 책임감이 있다고 느낀다는 것이다.—누군가가 이유 없이 (말 그대로의 의미에서) 범죄를 저질렀다는 행위에 대해서 책임이 있다고 말할 수 있는가? 만일 그러한 행위가 존재한다면(그리고 그러한 행위가 존재하지 않는다면), 도대체 더 이상 어떤 행위에 관해서가 아니라, 단지 어떤 사건에 대해서만 말할 수 있을 것이다: 무엇인가가 내 안에서 일어난다. 그것은 내가 그러한 경우에 말할 수 있는 모든 것이다. 우리는 살인자에

게 그 행위의 이유에 대하여 묻지만 그의 자유에 대해서는
묻지 않는다: 원래 그를 비난하는 것은 그가 다른 이유(다른
행위를 유발했을 수도 있을)가 아닌 **이** 이유를 가지고 있었다는
것이다. 물론 그가 다른 이유가 아닌 바로 이 이유를 가지
고 있었는가에 대한 이유는 있다. 그리고 바로 이 이유에 대
한 또 다른 이유가 있을 것이다: 이러한 이유들의 사슬은 우
리가 결과란 언제나 그 원인을 가진다는 사실에서 출발하는
한, 낯선 규정들을 가진 무한퇴행을 이룬다. 그러나 책임이
란 오직, 캅Cobb이 올바르게 알아차렸듯이, 어떤 행위가 어
설프게 정초되거나 아니면 정초되지 않은 것이 아니라 자기
스스로를 정초할 때(어떤 현실적 개별존재는 **자기원인**이다!), 달
리 말하면, 원인과 결과가 일치할 때이다.[84]

그런데 이 일치는 시간의 획기적 이론의 전제 아래서만
생각할 수 있다.(4장 2절에 서술되었듯이). 그리고 오직 그 전
제만이 결국 자유와 책임의 가능성을 존재론적으로 만족할
만한 양식과 방식으로 설명할 수 있다. 그러나 책임을 어떤
현실적 개별존재의 자기규정에 두는 것은 아마도 어떤 다
른, 실용주의적인 기반에서는, 책임의 문제가 우리에게 중

----

84 J. B. Cobb, Freedom in Whitehead's Philosophy, in: Ford/ Kline, a.a.O., S. 45
  이하를 참고할 것.

요하게 되는 영역에서 결코 현실적 개별존재에 관련되지 않고 언제나 오직 현실적 개별존재들의 사회와 관련된다는 사실을 고찰하면, 불만족스럽게 남는다. 현실적 개별존재는 물론 그 존재에 대한 책임을 가질 수는 있다. 단, 나는 그 현실적 개별존재에 책임을 물을 수 없는데, 그 이유는 그것이 그 정의定義상 나에게 존재할 때에는 이미 과거가 되어 버린 상태이므로 어떤 경우든 비난할 수 없기 때문이다.

이 문제를 분석한 셔번Sherburne은 어떻든 이 상실이 견디어 낼 수 있을 정도일 뿐만 아니라 처벌에 대한 우리의 생각에 대한 올바로 바람직하기까지 한 영향력을 가진다는 결론에 도달한다. 그 이유는, 그는 이렇게 논의를 전개하는 바, 우리가 화이트헤드의 대안을 수용할 경우 무엇보다도 포기하지 않으면 안 되는 것은 "고찰의 토대로서의 보복에 대한 격세유전적인 소명이다."[85] 이것은 고찰이 그 자체로 쓸모가 없다는 것을 함의하지 않는다: 살인자 X는 하나의 인격적 사회이고, 그렇기 때문에 현실적 개별존재는 서로의 삶의 노선에 따라 어느 정도는 X를 살인자로 갖도록 하는 속성들을 계승한다. 그러나 살인자의 사회 X가 살인을 저지르게 되는

---

85 D.W. Sherburne, Responsibility, Punishment and Whitehead's Theory of the Self, S. 187, in: G.L. Kline(Hg.), *Alfred North Whitehead. Essays on his Philosophy*, Englewood Cliffs, NJ, 1963.

외적인 상황도 이 살인자를 동반한 채 지속된다. 그러므로 인간적인 형법의 입법은 본래 죄 없는 자를 징벌하려는 것이 아니라 사회 X의 유전 노선으로 하여금 이상을 지향하는 새로운 가능성을 지침으로 삼아 그것이 실현될 수 있도록 영향을 주려는 것이다. 셔번은 이렇게 말한다: "형벌이 정당화 되려면 어떤 목표를 성취하려는 것이어야 한다. 그것은 문자 그대로, 경험의 깊이와 조화로 이끌 가능성을 열기 위하여 노력하는 한에서, 창조적인 형벌이어야 한다."[86]

　인간이 진정한 의미에서 인간적인 것은 자신의 자유를 행사함에 있어서 그것이 거부되지 않도록 사용할 때 뿐이라고 말할 수 있을 것이다. 말하자면 인간은 신적 이상을 인정할 때 비로소 자신의 자유로 **살아가는** 것인데, 그럴 때에야 비로소 자신의 본래적인 가능성을 모두 길어올릴 수 있기 때문이다. 그런데 그가 이상에 접근함으로써 그것을 타인을 위해서도 처리할 수 있도록 하고자 하는데, 그것은 신적인 질서 가운데 있는 이상이 전체 세계를 지향하기 때문이다, 즉 신은 자신이 추구하는 가능성의 **보편적 실현**을 의지意志하기 때문이다. 그런데 우리가 형벌을 인간을 위하여 새롭고 충만한 가능성을 담보하려는 시도로 취하고자 한다면, 우리

---

86 위의 곳.

스스로를 "느낌을 위한 유혹"(lure for feeling)으로서 직무를 행함으로써 오직 신적 설득의 원리에 관심을 갖고 우주적 조화에 대한 신적인 노력을 뒷받침하는 일을 옹호해야 한다. 그러므로 인간은 정당하게 이해된 자신의 자유 안에서 신과 유사해지는 것이다. 왜냐하면 인간은 자기자신을 동시에 신과 똑같은 모습으로 성취하고 신적인 설득을 잠재적으로 행하면서 인과적 필연성에 대처하도록 하기 때문이다.

3) 질서와 자연법칙

화이트헤드에 의하면 세계의 구조는 원칙적으로 현실적 개별존재의 자유로운 결단을 포함하기 때문에 절대적인 필연성이란 존재하지 않는다. 그렇다고 해서 세계의 과정이 전적으로 우연에 귀속된다는 결론이 나오는 것도 아닌데, 그 이유는 세계가 완전한 결정성이냐 아니면 완전한 아나키 상태냐 하는 양자택일을 하는 것은 **잘못 놓여진 구체성의 오류**를 범하는 것에 지나지 않기 때문이다. 문제는 세계의 흐름이 결정지어져 있느냐 아니냐가 아니라 그 가운데 **어느 정도의** 결정성과 자유가 지배하고 있느냐 하는 것이다.

우리가 알고 있는 세계가 습관적으로 믿어 온 일정한 질서를 가지고 있음은 분명하다. 한 측면에서의 정체성과 다른 측면에서의 기간적인 회귀는 우리의 체험에 대해서 엄청난 의미를 가진다. 즉 그것은 문자 그대로 간과할 수가 없는 바, 그것 없는 인간의 사유와 인식은 존재하지 않을 것이기 때문이다. 그러므로 질서의 경험은 결국 그 진행에 있어서 본질적으로 확고한 법칙성으로 규정되는 세계의 개념화로 나아가게 될 것이라는 사실은 하등 놀라운 일이 아니다. 이 법칙성은 이른 바 **자연**법칙으로서 근대과학의 발전을 뒷받침하는 바, 그 성과는 나름대로 다시 개념화를 정당화했다. 우리가 자연**법칙**에 관하여 말한다는 사실은 이미 그 배후에 감추어져 있는 표상과 관련하여 시사하는 바가 적지 않다. 독일어로 **법칙**("설정된 것"이란 뜻—옮긴이)이란 말은 보다 분명하게 그 본래적 의미를 지시한다. 그것은 **설정하다**란 동사를 명사화한 것으로서 설정된 어떤 것과 같은 뜻인데, 영어의 "law"와 프랑스어의 "loi"의 어원인 라틴어 "lex", 혹은 그리스어 "nomos"(nemein=할당하다)와 유사하다. 그림Grimm 형제의 독일어 사전에는 "법칙"이란 용어에 대하여 이렇게 적혀 있다: "일반적으로 설정된 혹은 규정된 것, 운명이나 신과 같은 높은 것의 규정을 이루는 것."[87] 이 정의는 가장

---

87 *Deutsches Wörterbuch* von Jakob und Wilhelm Grimm(1854), München(1984),

정확하게 근대 자연과학에서도 처음부터 법칙의 개념에 내재하던 의미 내용을 나타낸다.

자연법칙은 여전히 종종 사물이 원래 가지고 있는 것이 아니라 밖에서 부과된 어떤 것으로 여겨져 왔으며, 지금도 그렇다. 이렇게 이해하면 그것은 정의상 그 상호간의 관계를 확정하는 사물의 본질에 관해서는 전혀 언급하지 않는다. 그리고 법칙은 자신에 귀속된 사물의 본질에서 도출되지 않는다. 모든 사물은 법칙 앞에서 동일하다. 갈릴레이식으로 말해서, "자신의 주인 귀족 명부"[88]는 신경쓰지 않는 법이다. 뉴턴을 필두로 한 17~18세기의 과학자들처럼 이해하면, 그러한 세계이해는 필연적으로 세계에 그 법칙을 부여하는 힘으로서의 신적 법칙부여자를 요구하는데, 그들 자신은 거기에 굴복하지 않은 채였다. 그런데 만일 법칙이 신적 의지의 계시라면 그것은 곧 세계가 필연적으로 복종해야만 하는 법칙, 즉 언제 어디서나 절대적 타당성을 가지는 것이다. 법칙성에 대한 그러한 파악은 화이트헤드가 말하듯이, "과학적 사유"를 관통하는 "엄격한 불가피성"을 위한 과

Bd. 5, 4071쪽.

88 *Historisches Wörterbuch der Philosophie*, Darmstadt 1974, Bd. 3, 502쪽에서 인용함.

학적 편애의 이유가 된다: "물리법칙이란 운명의 결의다."

(SMW, 22/11)

이러한 법칙 이해에 대한 대안으로서 우리는 오늘날 무엇보다도 관찰 데이터에 대한 단순한 기술記述로서의 자연법칙에 관한 실증주의적 교설을 발견한다. 실증주의적 이상은 관찰된 현상을 기술함에 있어서 가능한 한 최대의 정밀성을 확보하는 것인데, 이때 직접적으로 접근할 수 있는 자료를 넘어설 위험이 있는 설명의 시도를 완전히 포기해야 한다. 이렇게 되면 실증주의적으로 이해된 법칙은 아무런 필연성도 요구할 수 없게 된다. 필연성은 관찰되지 못하고 그래서 (실증주의적인) 과학에 대해서는 무관심하게 된다. 실증주의자들에게 자연법칙이 필연적이냐 아니냐의 물음은 과학적 물음이 아니다. 만일 그것이 의미가 있다면 그것은 관찰된 사태의 근거에 대한 모든 물음과 마찬가지로 이 견해에 따라 알 수 있는 것을 넘어선다. 현상을 설명하고자 하는 실증주의자들의 이러한 원리적인 거부는 그 단순성에 있어서 방법적으로 확실히 몇 가지 이점이 있기는 하지만 철학적으로는 만족하지 못한 것으로 보아야 한다. 그 이유는 세계에 대한 설명을 포기함으로써 실증주의자들은 단순한 데이터를 집적한다는 이유로 단지 설명만이 아니라 (통일로서의) 세계 자체도 희생시키고 말기 때문이다. 철학의 본질은 언제나 우리가 살고 있는 세계를 이해하기 위한 노력이다. 실증주의가 이 노력을 분담하지 않는 한 철학이 아니라 반-철학에 불과하다.

화이트헤드는 자신의 철학적 원리를 근거로 자연법칙에 대한 실증주의적 시각은 물론 위에서 스케치한 절대적 관점도 거부할 것임에 틀림없다. 그 이유는 이 두 관점이 체계의 일치에 대한 합리주의적 요구에 부응하지 못하기 때문이다. 실증주의는 체계 자체를 전혀 인정하지 않고, 절대적 관점은 정의定義의 의미에서 관련성이 없는데, 그것은 이 관점이 모든 세계 구성 성분의 원칙적인 결합성과 상호 의존성에 공감하지 않기 때문이다. 화이트헤드에 의하면, 자연법칙은 저 밖에 있는 사물에게 강요되고 또 이 사물에 외적으로 머무르는 태도 방식이 아니라 그 본질특징에 대한 생동하는 표현이다: "자연법칙에 내재하는 이해 방식은 자연의 질서가 공동으로 그 존재가 자연 안에 제시하는 모든 형성체들을 산출하는 사실적 사물들의 성격을 표현함을 뜻한다."(AI, 236/142) 이것은 필연적으로 우리가 이미 살펴본 대로 현실계에 **내면적으로** 관련되어 있는 화이트헤드의 현실적 개별존재 개념에서 나온다. 그러므로 어떤 현실적 개별존재의 본질에 관하여 말하는 것은 그것이 다른 현실적 개별존 재에 관련되어 있다고 말하는 것과 다르지 않다. 그 관련성 의 양식은 그 존재를 구성한다. 반대로 그 관련성의 양식은 파악된 현실적 개별존재의 존재에 의해서 규정된다. 그런데 현실적 개별존재가 공동의 본질특징들을 지시하는 한에서 그 특징들의 관점에서 그 상호 관련성 가운데 있는 동일성 도 드러난다.

이 동일성은 자기자신을 연속시키는 경향이 있기 때문에 일정한 관계의 도식은 매우 긴 시간 동안을 독점하게 된다. 자연법칙은 그러한 독점적인 도식이다: "[…] 이 상호관계의 구조동일성이 곧 자연법칙이다."(같은 책)

체계의 내부에는 예외 없이 관여하는 모든 현실적 개별 존재가 정확히 동일한 관계의 도식을 반복한다고 가정할 이유가 없기 때문에 자연법칙은 절대적이 아니라, 단지 확 률적 타당성을 가질 뿐이다. 이것은 매우 정확히 현대 양자 역학의 관점에 상응한다.[89] 계속해서 귀결되는 것은 자연법

---

89 1922년에 이미 슈뢰딩거(E. Schrödinger)는 그의 취리히 연설에서 이렇게 말 했다. "자연법칙은 예외 없이 확률적 성격을 가진다는 사실이 매우 훌륭히 가 능하다. 오늘날 확률적 법칙의 배후에 여전히 매우 보편적으로 자명하게 요 청되는 절대적 자연법칙은 경험을 초월한다. 자연에 있어서의 이러한 법칙성 의 이중적 정초定礎는 그 자체로 불확실하다. 이에 대한 증명의 책임은 절대 적인 인과성을 의심하는 자가 아니라 그것을 옹호하는 자에게 있다. 그 이유

칙이 우주의 진화를 손상시키지 않은 상태로 그대로 견디어 낼 수는 없다는 것이다. 세계가 변화하듯이, 필연적으로 그 법칙도 변화한다: "[...] 이 이해에 따르면 자연법칙은 자연을 구성하는 사물의 개별적 특성에 종속되기 때문에 이 사물이 변화하면 법칙도 이에 맞게 변화해야만 한다."(AI, 237/143) 적어도 빅뱅이론이 나온 이래 이 점은 점점 더 개연성을 획득하고 있다. 그럼에도 불구하고 이 개념은 그 자체로만 보면 중대한 단점을 가지는 듯하다: 이는 말하자면 일종의 순환논법을 포함하는데, 자연법칙은 한편으로 그 근거를 자신에게 종속되는 사물의 본질 가운데 가지거나 아니면 다른 한편으로 이 본질이 바로 이 법칙으로부터 산출되기 때문이다.

이런 이유로 영향을 받지 않는 질서의 우선성의 형태를 가지는 이 이론의 보충이 요구되는데, 이는 도대체 왜 일정한 질서구조가 전개되고 제한될 수 있는지를 설명한다. 이러한 우선성이란 우리에게 이미 알려진 신의 원초적 본성인데, 이는 약화된 형태—강요가 아닌 설득으로서—를 취하

는 그것을 의심하는 것은 오늘날 어디까지나 보다 자연스러운 일이기 때문이다."(E. Schrödinger, Was ist ein Naturgesetz?(1922), 17쪽, in: ders., *Was ist ein Naturgesetz? Beiträge zum naturwissenschaftlichen Weltbild*, München/ Wien 1962, 10-17쪽). 그간에 이에 대한 증거들이 증가하고 있다.

는 일종의 예정조화를 제공한다. 핫츠혼Harthorne은 이런 연관성에서 신적인 영향으로 세계를 굴복시키는 "엄격하지만 가설적인 필연성"에 관하여 언급한다.[90] 신적인 설득에 관한 우리의 해석에 의하면 질서의 원리로서의 신은 자연법칙이 존재한다는 사실만이 아니라 그것이 (어쩌면) 결국 새로운 법칙성에 자리를 내주기 위해 점차로 변화한다는 사실을 고려함이 분명하다. 이것은 모순이 아닌데, 존립하는 자연법칙 자체가 변화하는 질서 구조의 긴 사슬 안에 있는 임의적인 끝점만을 나타내기 때문이다: "세계 안에 있는 현재의 질서 유형은 표상할 수 없는 과거로부터 생겨난다. 그리고 이 유형은 표상할 수 없는 어떤 미래에 죽는다. 여전히 남는 것은 추상적인 형식들의 소진되지 않는 영역과 그 자신의 피조물에 의해서 부단히 새롭게 규정되는 그 상이한 성격을 가진 창조성이다. 그리고 질서의 모든 형식들이 그 지혜에 의존하는 신이다."(RM, 119/145)

그러면 창조가 서서히, 그러나 멈추지 않고 지향하는, 일종의 우주적 목표, 신적인 설득과 같은 것이 존재하는 것일까? 화이트헤드의 대답은 놀랍도록 부정적이다: "[...] 세계

---

90 Ch. Hartshorne, *Whitehead's Philosophy. Selected Essays 1935-70*, Lincoln, Nebraska, 1972, 157쪽을 참고할 것.

의 불가측성은 질서의 그 어떤 상태가 그것을 넘어서서 아무런 전진도 더 이상 가능해지지 않도록 계획될 수 있다는 믿음을 부정한다."(PR, 214/169/111) 이 대답에 대한 중요한 근거는 분명 체계의 일치에 대한 요구가 이미 세계가 그 형이상학적 원리와 더불어 시간 안에 그 시초를 가질 가능성을 배제한다는 것이다. 화이트헤드는 이것을 존슨Johnson과의 대화에서도 분명히 진술한다.[91] 그러나 세계가 언제나 존재했다면, 그 안에 있는 질서는 계속 증가할 수도 없고, 최고의 질서단계로 발전할 수도 없다. 그것은 만일 그랬더라면 질서가 오늘날 필연적으로 무한하게 커지거나 아니면 오래 전에 최고의 단계에 도달해 있을 것이기 때문이다. 이것은 신적인 설득이 실제로 **일정한** 질서를 지향하지 않음을 뜻한다. 그러나 그럼에도 불구하고 신적인 설득은 하나의 이상을 이루기 때문에 그 무엇인가를 지향할 수밖에 없다. 만일 어떤 일정한 질서를 지향하지 않는다면, 무엇을 지향할까?

이에 대한 대답은 창조의 이상, 즉 우주의 목표는 각 개별적 계기 안에 있는 현실적 개별존재에 대한 경험의 가능한 최고의 강도強度라는 것이다. 그 어떤 질서, 말하자

---

91 A.H. Johnson, Some Conversations with Whitehead Concerning God and Creativity, in: Ford/ Kline, a.a.O., 3-13쪽을 참고할 것.

면 자연법칙성 안으로 편입된 것은 충족의 깊이("depth of satisfaction")를 위한 필연적 전제다. 그러나 변화와 새로움 역시 마찬가지로 중요하다. 그 이유는 질서에 대한 너무 커다란 척도는 "평면적" 경험을 만들어내기 때문이다. 이것은 "탁월함을 위한 조건으로서의 질서와 삶의 신선함(freshness of living)을 질식시키는 계기로서의 질서 사이의 대조"(PR, 605/ 514/338)다. 그러므로 과정은 무한히 계속될 **수밖에** 없는데, 그 이유는 창조 목표의 가능한 모든 충족은 언제나 창조 자체가 계속되는 것으로 전제하기 때문이다 —그렇게 시지포스는 바윗덩이가 산꼭대기에서 필연적으로 다시 밑바닥으로 굴러 떨어지기 전에 그것을 새로이 위로 굴려 올릴 때마다 구체적 만족을 했다 하더라도 말이다.

4) 자연사건은 미리 말할 수 있음

우리 인간이 미래에 관해서 알아맞추는 일은 그렇게 터무니없는 것은 아니다. 그것은 미래의 일들이 우리 체험의 중요한 성분을 이루기 때문이다. 우리는 원래 내일이나 다음 주가 다가올 것이라는, 그리고 그럴 수 있으리라는 데 대해서 끊임없이 말하며, 최소한의 이런 언표에도 우리는 단순한 가능성을 확인하는 것이 아니라 미리 언급한 것이 적중할 것을 때론 커다란, 때론 최소한의 확신을 가지고 기대하게 된다. 우리가 미리 말한 것이 실제로 적중될 것이라는 개연성이 얼마나 높으냐에 따라서 말이다. 우리가 큰 도박판에 앉아서 곧 닥쳐올 미래를 예견하여 바퀴의 임의의 숫자를 맞추어 행운을 맞이하는 일이 일어나는 일은 절대 없을 것이다. 우리에게 누군가가 아주 심각하게 그가 절대 죽지 않을 것을 정확히 안다고 확신할 경우, 우리는 일반적으로 망설이지 않고 그가 미쳤다고 말할 것이다. 그리고 누군가가 우리에게 도대체 왜 그렇게 빨리 반응하는지를 물으면, 이렇게 대꾸할 것이다. 즉 우리가 알고 있는 한에서 지금까지 살았던 **모든 사람**은 죽었고, 그렇기 때문에 누군가가 미래에 죽지 **않을** 것이라는 것은 전혀 개연성이 없다는 것이다. 그러므로 우리는 너무나도 자명하게 과거로부터 미래로, 더 정확히 말해서, 이미 알려진 것으로부터 (아직) 알려지지 않은 개연성으로 추론하는 법이다. 우리는 일상적인 세계와의 교섭에서도, 매우 엄밀한 학문에서도 존재하는 이 절차를 귀납적 추론이라 부른다.

이제 우리가 철학적으로 필연적인 물음, 즉 도대체 어떤 조건 하에서 귀납법의 적용이 정당화되고 또 받아들인 개연

성의 근거가 무엇인지 물으면, 우리는 적어도 우리가 실증
주의자 혹은 (자연법칙의 지위의 관점에서) 절대주의자이거나
아니면 단지 단순정위의 원리를 주장하기만 해도 좀 당황
하게 된다. 왜냐하면 만일 어떤 순간에 구체적으로 존재하
는 것이 그 어떤 방식으로든 그 다음의 순간에 존재하는 어
떤 다른 것에 직접적인 연관을 나타내면 미래에 관한 모든
언표는 모든 다른 언표와 마찬가지로 개연적일 것이기 때문
이다. "미래에 대하여 미리 말할 수 있는 것은 단지 과거와
같다거나 아니면 과거의 것과 같아 보이는 요소로부터 다시
합성될 수 있다는 것뿐이다."고 베르그송은 말했다.[92] 그러
므로 전통철학의 주요 조류는 귀납법의 문제를 해결할 위치
에 있지 못하다: "귀납 이론은 철학을 의문스럽게 했다—그
런데도 우리의 모든 활동은 여기에 의거한다."(SMW, 37/23)

실증주의는, 이것이 만일 수미일관할 경우, 이 문제를 부
정할 것임은 분명하다: 언표가 오직 관찰된 것에 관해서만
가능할 경우, 미래에 관한 모든 언표는 정의定議상으로 아직
관찰되지 않은 것으로서 의미가 없게 된다.

그러나 철학적 절대주의도 이보다 낫지 못한데, 그 이유

---

92 H. Bergson, *Schöpfeische Entwicklung*(1907), Zürich o.J(Sammlung Nobelpreis
für Literatur), 71쪽.

는 그것이 자연 법칙을 관계 항의 본질에 관하여 아무 것도 언표하지 않고 그것을 역전시키는 관계로서 파악하기 때문이다. 그러나 이것은 사물 자체 안에는 일정한 질서 구조의 지속에 대한 근거가 존재하지 않음을 함의한다. 달리 말해서 신은 매 순간 다른 것을 생각할 수도 있고, 어떤 법칙도 항상 변경되거나 폐기된 것으로 보려고 하면 그것은 한 순간에 타당성을 잃게 된다. 우리는 오직 신만을 신뢰할 수 있으며, 신만이 모든 것을 예날 그대로 머물게(혹은 종종 그렇지 않을 수도 있다.) 하기를 희망한다. 그러나 모든 경우 우리는 내일이나 매일 아침 태양이 솟아오르도록 보장하지는 못한다. 설령 우리가 신의 은총을 전제로 한다고 하더라도 신이 가는 길은 결코 바닥을 알 수 없기 때문인데, 신에 대한 신뢰가 어떻든 무조건 과학의 이상적 출발점은 아니라는 것을 도외시하더라도 그렇다. 그러므로 귀납법의 절차는 오직 내일에 관한 정보를 줄 수 있는 무엇인가가 오늘 있을 때에만 상호관련성을 요구할 수 있을 것이고, 그렇게 하여 정당성을 확보할 수 있을 것으로 보인다: "직접적인 사건에 과거와 미래의 인식을 허용하는 무엇인가가 존재하거나, 아니면 우리는 기억과 귀납의 관점에서 완전한 회의주의로 떨어진다."(SMW, 58/43f.)

그러나 이것은 오직 자연법칙이 사물에 내재한다는 가정 하에서만 생각할 수 있다. 이 가정은 내적인 관계를 가진 실재를 포함한다. 이 실재는 체계의 테두리 내에서 지금까지 현재 속에 있는 과거의 존재와 관련하여 논의되었을 뿐, 그 안에 있는 미래의 존재와 관련하여 논의되지는 않았다. 오히려 내적인 관련성은 바로 어떤 현실적 개별존재가 단지 과거의 현실적 개별존재에 관련되지만 반대로 동시적인 현실적 개별존재와 미래의 현실적 개별존재에는 관련되지 않는 한에서, 시간적으로 비대칭적이기 때문에 폐기되지 않는다고 말한 바 있다.(3장 4절)

그런데 첫째로 미래를 그 가능성 실현의 개연성이라는 관점에서 판단하는 일은 그것이 그 어떤 방식으로든 현재에 포함되어 있을 경우에만 의미가 있을 수 있으며, 둘째, 바로 이것은 화이트헤드의 유기체철학에서 미래 사건의 외향성 원리의 근거에 의해서 배제된다는 것을 의미할 수 있을 것이다.[93] 그러나 이 두 가정은 모두 잘못이다. 일정한 미래의 개연성에 관한 언표가 **형이상학적으로** 정당화되기 위해서는 단순정위의 원리가 시간과 관련하여 주어지고, 과거가 현재

---

[93] 이렇게 추론하는 것은 예컨대 다음을 참고하라. J.W. Robson, Whitehead's Answer to Hume(1941), in: Kline(Hg.), *Alfred North Whitehead*, a.a.O., 53-62쪽.

속에 있는 객관적으로 불멸적인 것으로 파악되는 것으로 족
하다. 여기서 미래도 어떻게든 현재 속에 포함되어 있느냐
그렇지 않으냐 하는 것은 중요하지 않다. 그것은 필연적으
로 모든 현재가 한번은 과거로 되고 그래서 현재 속에 주어
진 것의 존속은 (자유의 한계에 이르기까지) 미래를 위해 보존
되기 때문이다.

어떻든 문제는 형이상학적 원리가 그렇게 되어 있다는 **것**,
미래 속에 있는 현재는, 우리 자신의 대상적 불멸성이 어떻
게든 경험의 대상이 아닐진댄, 불멸적일 것이라는 **사실**에
서 벗어날 수 없을 것이라는 점이다. 그리고 무엇보다도 결
국 우리 자신의 경험이야말로 기술記述적 보편화의 체계구
축적 방법이 그 출발점으로 삼아야만 하는, 그리고 그것이
항구적으로 의지해야만 하는 부동점이다. 물론 미래는 우리
에게 현재現在하기는 하지만, 그렇다고 우리가 아직 존재하
지 않는 미래의 현실적 개별존재를 벌써 지각한다는 의미는
아닌데, 그 이유는 "미래는, [...] 지나간 과정의 대상적 불멸
성과는 구별된다는 의미에서 현재에 내재하기 때문이다. 현
재 속에는 미래에 속하는 개별적 과정이란 없다."(AI, 350/247)
그러나 우리의 구체적 경험은 언제나 우리가 직접적 미래에
행사하게 되는 영향의 의식에 의해서 각인되는 법이다. 기

술적으로 말해서 자신의 불멸성에 대한 지각은 **모든** 현실적 개별존재의 속성이 가지는 본질적인 부분이다:

> "이 주체의 본질에 속하는 것은 대상적 불멸성의 상태로 이행한다는 것이다. 말하자면 그 규칙에서 나오는 것은 주체가 **자기 자신**을 형성하는 활동에서 **타자**를 형성하는 활동으로 이행한다는 것이다."(AI, 352/248)

> "어떤 체험 과정이 자기자신 안에–내면화됨(Das Seiner-selbst-Innewerden, self-enjoyment)은 [...] 그 안에 존속하는 과거의 내면화와 더불어 시작되며 미래에 존속하는 자기자신의 내면화와 함께 그친다. [...] (그 규칙으로부터 나오는 것은) 미래가 존재할 필연성과 미래 과정의 초기 단계에서 반복을 위한 일정한 내용적인 함량을 부여할 필연성이다. 여기서 특히 확정될 수 있는 것은 각 개별적인 과정이 그 본질에 속하는 창조적인 충동에 의해서 초월된다는 것이다."(AI, 352/249)

그러므로 현재 가운데 포함된 것은 첫째로 사물의 본성에 속하는 보편적인 우주의 성격으로서의 미래, 둘째로 현재의 사실에 의한 이 미래의 제약성이다. 이에 반해서 그 안에 포함되어 있지 않은 것은 그 개별적인 속성, 그 구체적 내용 안에 있는 미래의 현실적 개별존재다: "현재 안에 대상적으로 주어져 있는 것은 실재적 과정(현실적 계기), 즉 제약들에 적응된 과정으로부터 성립하는, 현재 과정의 본질 가운데 있는 제약들에게 미리 주어진 미래의 필연성이다."(AI, 354/251)

달리 말하면, 나는 미래가 존재한다는 것, 그 미래가 어떤 **양식이어야 하는지**를 알지만 그것이 **그것을 넘어서 무엇일 수** 있는지는 알지 못한다.―그리고 이것은 사정에 따라 우리가 가까운 미래로 건너가서 시간 속에서 계속해서 앞을 내다보자 말자 급속도로 넓어지는 거대한 영역이다. 그러나 우리가 획득한 것은 오늘 타당한 일정한 것들이 내일도 여전히 그러하리라는(내일 모래가 불분명하다고 하더라도), 그리고 자연의 질서가 (상대적으로) 신빙성이 있다는 일상적인 가정에 대한 직접적으로 접근가능한 근거다. 이로써 자연 사건에 관하여 미리 말하는 것이 제한적이라는 가능성은 보증되며, (확률적으로 타당한) 자연 법칙에 대한 신뢰는 정당화된다.

6

가치론

1) 종교와 학문

화이트헤드는 오늘날 자연과학자들[94](프리고진, 봄, 니담)과 신학자들[95]에게 커다란 주목을 받고 있다. 반면에 철학자들은 그의 사상을 계속 무시하고 있다. 그럼에도 불구하고 화이트헤드는 오늘에 이르기까지 대부분의 과학자들로부터

---

94 이에 관해서는 J.B. Cobb/ D.R. Griffin(Hg.), *Mind in Nature. Essays on the Interface of Science and Philosophy*, Washington, D.C. 1977을 참고할 것.

95 30년대 이래 화이트헤드의 철학은 신학자들에 의해 수용되고 확장되었다. 뷔만(N. Wieman)의 경험론적 신학, 핫츠혼의 신고전주의적 신학, 그리고 특히 기독교적 과정신학(N.W. Pittenger, S.M. Odgen, L.S. Ford, D.D. Williams, D.R. Griffin, J.B. Cobb jr. 등)은 각기 나름의 방식으로 화이트헤드가 전개한 사상에 토대를 두고 있다. 이에 대해서는 I.U. Dalferth, Prozeßtheologie, in: *Historisches Wörterbuch der Philosophie*, Bd. 8을 참고할 것. 과정신학적 조류에 대한 깊은 통찰을 제공하는 연구로는 J.B. Cobb/ D.R. Griffin, *Einführung in die Prozeßtheologie*, Göttingen 1979, M. Welker, *Universalität Gottes und Relativität der Welt*, Neukirchen 1981을 참고할 것.

그의 철학이 가지는 유사종교적 내용으로 인해서 의심을 받고 있다. 그러나 신학자들에게는 본질적으로 합리주의적 태도를 취하는 그의 철학으로 인하여 그러하다(그리고 철학자들에게는 과학과 종교에 대하여 너무나 많은 내용을 말한다는 이유로 그러하다). 이것을 이렇게도 공식화할 수 있을 것이다: 두 집단은 모두 그를 이중 대리인이라고 여기는 듯하다. 이것은 첫째로 종교와 과학이 대체로 현실 이해의 관점에서 라이벌로 파악되며 서로 간에 그때마다의 인식의 중요성을 깎아내린다는 사실을 나타낼 뿐이다. 일반적으로 양자는 세계의 됨됨이에 대한 참된 통찰을 요구한다. 종종 종교적 과학자 혹은 과학적인 관심을 가진 신학자가 있다는 것은 맞는 말이다. 그러나 그들에게서 종종 그 인격성의 두 가지 측면이 화해되지 않은 경우가 있어서 종교는 물론 과학도 이성의 심정審廷 앞에서 확신에 찬 요구를 하기는 하지만 양자의 자기이해는 결단 혹은 중재를 방해하게 된다.

화이트헤드에 의하면 현실경험의 이 두 갈래 길을 그 만일의 타당성 요구에 있어서 입증하고 상호적인 세계 개념에 있어서 합일하는 일은 철학의 가장 중요한 과제다: "철학은 종교 및 자연과학과 정신과학에 대한 긴밀한 관계를 통해서 실효성이 없다는 불명예로부터 해방된다. 철학은 주로 종교와 과학을 합리적 사유도식으로 융합함으로써 그 의미를 획득한다."(PR, 53/23/15) 화이트헤드에 의하면 종교와 과학은 현실에 대한 차별적 관점에 집중함으로써 어느 하나도 다른 것 없이는 세계의 한 부분만을 그리게 되며, 양자를 합쳐서야 비로소 완전한 하나의 세계 모습을 그리게 된다. 그러므로 종교와 과학은 서로 보완하는 관계에 서게 된다. 과학이 우리 경험의 대상(혹은 무엇)과 대결하는 반면 종교는 경험의 주체(혹은 어떻게)에 관여한다: "종교는 경험하는 주체의 구조에 관여하는 반면 과학은 이 경험에서 주요 위상을 자료로서 형성하는 대상을 다룬다."(PR, 54/24/16)

달리 말해서, 과학은 어떤 현실적 개별존재가 타자를 위하여 존재하는 것을, 종교는 그것이 자기자신을 위하여 존재하는 것을 직시한다. 그 차이는 어떤 현실적 개별존재가 타자에 대해서는 우선 일단 하나의 사실에 불과하지만 자기자신에 대해서는 언제나 이미 하나의 가치라는 데 있다: "존재는 '가치'의 느낌에 근거한다."(MT, 109) 이 자기가치의 느낌은 우리 경험의 본질적인 계기이며, 그 자체로 세계에 대한 **가치**평가에 대한 토대다. 세계에 대한 우리의 시각을 규정하는 진선미의 보편화는 주체의 자기경험에 뿌리박고 있다: "종교적 의식의 계기는 자기가치의 느낌에서 출발하지만 서로를 강화시키거나 파괴하는 질서지어진 가치의 영역으로서의 세계의 개념으로 확장된다."(RM, 48/49) 가치 및 그 상호관계로부터 세계적인 사실성에 이르는 원천과 됨됨이를 분석하는 것이 이 마지막 장의 대상이다.

2) 존재의 가치성

『과정과 실재』의 서문(PR, 24/VIII/XIII)에 일종의 블랙 리스트의 형식으로 발견되는, 전통철학을 규정하는 몇 가지 교설에 대한 전투 선언은 여러 가지 가운데 특히 이미 3장 1절에서 설명한 "공허한 현실성의 강령"(doctrine of vacuous actuality)을 겨냥한다. 여기서 화이트헤드가 "공허성"에 관하여 언급한 것은, 전체 문맥으로부터 분명해지듯이, 무가치성과 같은 의미이다. 화이트헤드가 저항하는 것은 바로 세계에 대한 전체적인 의미공허화로 귀결되고 그래서 그 합리적인 관철을 위한 그때마다의 시도를 처음부터 좌절하도록 하는 보편적인 실천을 특징짓는, 현실에 대한 평가절하이다: "설명적인 통찰을 안겨줄, 개별성에 이르기까지 철저히 분석하는 형이상학에 도달하고자 한다면, 우선 가치를 벗어난, 공허한 존재의 개념을 포기해야만 한다. 이런 종류의 공허성은 추상성이라는 속성을 가지며, 만일 이것을 기본적인 현실적 사물 및 사실적인 과정(현실성)의 개념에서 추구하고자 한다면 이것은 전적으로 잘못이다."(FR, 28/24) 현실성의 개념은 오히려 이런 것이다. 즉 각 궁극적인 현실성("ultimate actuality"), 각 **현실적 개별존재**(진정한 존재)는 필연적으로 주체적 직접성(PR, 75/43/29)을 가진다는 것이다. 이것은 시간적으로만이 아니라 조건으로서 그 대상적 불멸성에 선행한다.

한 현실적 개별존재는 타자를 위하여 존재하기 이전에 자기자신을 위해서 존재하는 어떤 것이다. 그리고 그것은 오직 자기자신을 위해 존재했던 무엇이기 때문에 타자를 위해서 존재할 수 있는 것이다. 화이트헤드가 "사실적인 세계 가운데 단순히 전적으로 활동하지 않는 사실이란 존재하지 않는다."(PR, 558/472/310)고 말한다면, 이것은 현실의 가치성이 절대 본질적으로 존재하며, 예컨대 보통 생각하듯이 인간에 의해서 추후적으로 어떻게 덧붙여지는 것은 아니라는 것을 뜻한다. 그러므로 사실(Tatsache)과 가치 사이의 분리는 의심할 여지없이 그 방법적 정당화를 가지지만, 만일 그것이 형이상학적으로 절대적인 것으로 간주되는 순간 오류가 되는 추상이다.

자연과학은 우리에게 항구적으로 순수한 감관의 지각보다 더 깊은 차원에서 전달되는 현실의 본질적인 가치성을 무시한다. 물론 이것은 이유가 없지 않은데, 과학자는 자신을 중립적인 관찰자로 여기기 때문이다: 그의 눈은 뛰어난 도구라는 것이다. 중립성은 동시적인 세계가 현실적 개별존재를 위해서 실현되는 양상, 현새화하는 직접성의 지각양상에 대하여 특징적이다.(3장 4절) 세계는 여기서 **현실적으로** 존재하는 것, 즉 그 주체성으로 인하여 그 자체로 가치있는, 합생하는 개체성으로 이루어진 다양성이 아니라 성질에 대한 수동적인 관계의 조직체로 드러난다:

"동시적인 지점은 [...] 주로 서로 간에 그리고 지각하는 자가 가지는 수동적 관점의 관계 측면에서 지각된다. 말하자면 이 지점은 단순히 감관의 지각 속에 그것과 연관된 성질을 가진 수동적 담지자가 된다. 그러므로 그것은 동시에 공허한 방식으로 그 안에 속성들이 내재하는 기체基體에 관한 잘못된 표상이다. 그런데 여기서 '공허한'이란 '이미 이 문맥에서 현실화의 단순한 사실에서 생겨날 수도 있을 모든 개별적 자기느낌으로부터 자유로운'이라는 의미와 같은 것이다. 달리 말하면, 그 안에 존재하는 성질들의 복합체를 가진 기체는 여기서 잘못된 방식으로 각자의 고유한 느낌과 자기느낌도 없는(자기향유의 결여), 즉 내적인 가치(고유한 가치)도 없는 단순한 실현으로 표상된다. 그리고 이것은 왜 사람들이 배타적으로 감관의 지각을 생각할 때 잘못된 형이상학으로 나아가게 되는가 하는 이유이다. 이것은 오직 높은 등급의 지성을 가진 사람만이 벗어날 수 있을 오류이다. 반면에 인간의 생명과 동물의 생명이 똑같이 나아가게 되는 본능적인 해석은 완전히 충만한 에너지를 가진 가치의 활동(throbbing with energetic values)에 의해서 존재하는 동시적인 세계를 전제한다."(AI, 390f./281f.)

존재의 원리적인 가치성은 한 현실적 개별존재의 충족에서 나타난다. 그것은 모든 충족이 무엇보다도 미적인 성과("aesthetic attainment")이기 때문이다: 충족과 더불어 한 현실적 개별존재는 그 발생의 과정을 끝마친다. 그 생성에 대하여 일정한 역할을 해 온 각 요인은 그 가운데서 일정하게 규정된 자리를 차지하게 된다. 충족에서 한 현실적 개별존재는 그 통일을 나타내게 되는데, 그것은 그 모든 구성요소들이 서로 "조화를 이루"며, 현실적 개별존재 자체는 본래 자신의 현실계의 조화 이외에 아무 것도 아니기 때문이다. 조화란 철저한 규정성을 전제로 하는 미적인 사실이다. 규정성, 한정, 배제를 도외시한다면 가치있는 것이란 존재하지 않게 되는데, 그것은 이렇게 될 경우 모든 것이 하나가 되어 아무 것도 성취될 것이 없게 되며, 이는 마치 아무 것도 존재하지 않는 것과 다름없으니, 현실적으로 존재하는 모든 것은 그러하지 달리는 존재하지 않는 것이기 때문이다: "가치란 한정의 성과다."(SMW, 114/94) 그리고 "한정"이란 현실의 본질이다. 그러므로 세계의 사실성과 가치성은 동일한 뿌리를 가진다: "실현의 직물 가운데서 미적인 완성이 이루어진다."(SMW, 115/94)

존재의 가치성은 모든 현실적 개별존재가 **동일한** 가치를 가진다는 것을 의미하지 않고, 오히려 현실적 개별존재는 오직 그때마다의 충족이 같은 정도의 가치를 실현시키지 않기 때문에 가치를 가질 수 있게 되는 것이다. 만일 모든 성취된 가치가 동일하다면, 가치란 존재하지 않을 것이다. 가치성은 차이를 요구한다: 총체적인 무차별성은 과학적 관점의 방식이 가지는 몰가치한 세계의 징표다. 그러므로 현실적 개별존재는 언제나 **많건 적건** 가치가 있으며(valuable), 그것은 바로 현실적 개별존재에게는 본질적으로 가치성이 고유한 것이기 때문이다. 자기생성과정에서 도달한 느낌의 통일은 물론 어떤 현실적 개별존재의 원칙적인 자기가치를 구성하기는 하지만 실제로 성취된 모든 통일이 최선의 통일은 아니다. 자신의 주체성의 보다 강인한 느낌, 그래서 보다 높은 가치의 달성을 의미할 그 자체를 위한 통일의 형식이 존재할 수도 있을지도 모른다. 이것은 어떻든 현실적 개별존재의 원칙적 통일과 최선의 통일 내지 최선의 척도가 현존함을 전제로 한다. 자유는 파악되는 현실계에 의해서 설정된 한계 안에 있으며, 최선의 통일을 이루는 척도는 신적인 이상理想이다. 한 현실적 개별존재는 신이 부여한 주체적 목표에 대한 의존이 강할수록 더 높은 가치를 실현한다. 이를 넘어서 현실적 개별존재는 그것에게 접근될 수 있는, 서로 간의 자유의 범위에 의해서 구별된다.(5장 2절) 한 현실적 개별존재에게 주어지는 자유가 크면 클수록 고유가치의 느낌이 강인하고 또 실현된 가치가 높다.

"활동하는 가치에 의해서 고동치는"이라고 파악된 세계는 어디까지나 인간의 경험에 의해서 접근할 수 있고, 그것이—단지 사물의 표면에 접촉되는— 감각지각의 명료성으로 파악되지 않는다 하더라도 그러하다. 그러나 이 세계는 인과적 효과성의 지각 양상으로 우리에게 전달되고, 우리의 모든 혐오와 애착, 찬성과 불만의 느낌, 가장 보편적인 의미에서 미적이고 도덕적인 느낌이 의거하는 토대다. 그러나 일차적인 것은 미적인 느낌이고, 모든 도덕적 느낌은 거기에서 도출된다. 그러므로 아름다움의 개념과 더불어 가장 손쉽게 현실의 영원한 이상으로서의 최고의 가치에 접근하게 된다.

3) 아름다움

아름다움은 우선 일단은 임의의 현실적 개별존재의 생성에서 최선의 통일의 실현 이외에 다른 것이 아니다. 이런 의미에서 한 사물은, 그것이 가능했던 그대로 되었을 때, 그래서 일종의 "상대적 완전성"을 가지게 되었을 때 아름답다. 두 가지 이유에서 선善의 개념은 현실적 개별존재가 가지는 이런 성질을 나타내기에 부적합하다. 첫째로 이 개념은 너무나 도덕의 영역과 결부되어 있는데, 도덕은 과정의 미시적 영역이 아닌, 단지 거시적 영역에서만 의미를 가진다. 선함은 사회적 공간에서는 아름다움을 나타내지만 여기서의 아름다움은 보다 포괄적인 개념이다. 이는 우리가 어떤 (도덕적으로) 악한 행위가 추하다고도, 선한 행위가 아름답다고도 부르지만 반대로 아름다움은 그 아름다움으로 인하여 선하다고는 말하지 않는 것과 같다. 그 아름다움에 있어서 선과 악으로 분류하는 것을 뛰어 넘는 여러 가지의 충족이 있지만 이것이 분명 도덕적으로 악함이 아름다울 수 있다는 것을 뜻하지는 않는다. 이와 마찬가지로 충족은 또한 단지 감각적으로 아름다운 것을 초월한다. 로렌스Lawrence는 "to ka'llos"와 "to kalo'n"의 그리스적 구별에 주목한다.[96] 전자가 감각적으로 아름다운 것을 의미하는 반면, 후자는 언제나 또한 도덕적으로 아름다운 것을 함께 뜻한다. 화이트헤드의 아름다움 개념은 오히려 "kalo'n"과 유사하다.

미학적 은유의 우세에 대한 그 다음의 이유는 선의 개념을 벗어나는, 혹은 그것에 선행하는, 독특하게 정서적인 그 성질이다. 그것은 선이 중요한 계기로서 오직 복합적인 현실적 개별존재의 경험통일에만 존재하며 구체적인 느낌으로부터 분리되지 않기 때문이다. 진공 속에 있는 "도덕이란 존재하지 않는 법이다":

> "[...] 도덕적인 요인(은) 경험의 기타 요소들로부터 도출된다. 그렇지 않으면 대상을 향한 의무 감정이 형성될 수 있는 아무런 내용도 존재하지 않을 것이기 때문이다. 진공 속

---

96 N. Lawrence, The Vision of Beauity and the Temporality of Deity in White-head's Philosophy, 170쪽, in: Kline, a.a.O., 168-178쪽을 참고할 것.

에 있는 도덕이란 있을 수 없다. 경험의 근본 요소는 말하자면 우선 사랑, 동정, 전의戰意, 유사한 욕구와 만족, 그리고 그에 따른 아름다움과 의식적으로 획득된 지적인 적확성(intellectus fineness)의 특이한 인간적 체험과 같은 동물적 정욕이다. ―그럴 때 이 '지적인 적확성'은 이 연관성에서 흔히 언급되는 '진리'보다 더 광범위한 무엇으로 이해될 수 있다. 만일 누군가가 상이한 사상思想을 서로 뜯어 맞추는 미묘한 과제를 성공시킨다면 이 성과는 진리에 대한 단순하고 직접적인 물음으로부터 완전히 독립해 있는 광범한 무엇 자체를 가진다. 여기서 '아름다움'에 관해서도 언급할 수 있을 것이다. 그러나 지적인 아름다움은 단지 은유적 의미에서의 아름다움이며, 이 아름다움은 감각적으로 지각할 수 있는 아름다움에 해당하는 술어로써 나타낼 수 있는 것과 전적으로 동일하다. 그리고 같은 것이 도덕적 아름다움에 대해서도 타당하다. 그러나 이 세 가지의 아름다움은 이 세계에서 실현할 수 있는 충족의 최고 이상에 관여한다. 그리고 이런 의미에서 우주의 에로스를 궁극적으로 충족시키는 아름다움에 관하여 말할 수 있을 것이다."(AI, 89f./12f.)

화이트헤드가 **아름다움**이라는 말로 나타낸 구체적 경험의 계기는 말하자면 감각적 아름다움, 도덕적 아름다움, 지적인 아름다움을 포괄한다, 그러나 그 이상이다. "현실적 실현을 위해 가능한 최고의 충족의 이상"으로 정의되는, 이렇게 이해된 아름다움은 지각되지 않을 때에도 성립한다. 그것은 아름다움의 단순한 존재는 인간이나 고도로 발달된 의식을 필요로 하지 않으며, 자체적으로 존재하는 그대로의 사물의 본질에 대한 표현이기 때문이다.

그러나 개별자의 아름다움은 단지 자기자신을 위해서 존재하는 것은 아니다. 존재의 원칙적인 가치성과 그 완벽화로서의 아름다움은 이를 넘어서서 다른 현실적 개별존재를 위한, 그리고 그것이 그 일부가 되는 전체를 위한 의미를 가진다. 세계는 우리의 경험에서 자신을 위해서 존재하는 것으로 드러나고, 이를 통해서 모든 유아唯我론적 사변을 철학적 오류의 영역으로 추방한다. 지각된 세계의 미학적인 의미심장함은 우리에게 그 고유한 가치를 가진 사물을 우리와는 다른 것으로 드러낸다: "[...] 현실계 속에 **하나의** 현실로 존재하는 의식은 미학적인 의미심장함의 선물이다. 이 경험은 각 개별적 경험 사건의 유한한 직접성의 저편에 있는 중요성을 나타낸다."(MT, 120f.)

따라서 본래 현실적 사건이란 존재하지 않는 법이며, 밖의 세계를 밖의 세계로서 경험하도록 할 수 있는 인간적인 사건은 더더욱 존재하지 않는다. 그럼에도 불구하고 이것을 스스로 요구하는 사람은 철학적 공식의 추상성 속에 그 근원을 가진 자기기만을 범하거나 아니면 문자 그대로 더 이상 자기 감각의 주인이 아니다. 그래서 이에 대한 화이트헤드의 다음과 같은 간경簡勁한 메모노 이렇게 이해될 수 있다: "사건이 이 의미를 의식적으로 인식하지 못할 경우, 이 사건은 상황이 더욱 불리해진다."(위의 곳)

그러나 세계의 사실은 비단 자기자신과 타자만이 아니라 제3자로서의 전체에 대해서도 가치를 가진다. 개별적 사물의 원칙적 가치성은 그때마다의 개별성을 넘어서는, 그리고 모든 생성을 이끌면서 아무 것도 누락시키지 않는 어떤 것에 대한 그 잠정적인 참여에 뿌리박고 있는 것으로 지각된다: 이것이 신적인 이상 혹은 신의 원초적 본성이다. 그 밖에 어떤 일정한 가치의 실현 혹은 비실현, 완전한 조화 혹은 그 반대급부로서의 아름다움의 성취, 바로 보편적 가치성에 의한 사실적 각인은 지속되는 것으로 지각된다. 개별자는 우주의 파악할 수 없는 엄청난 규모로 상실되는 것이 아니라 우주의 생동하는 통일 가운데 실현된 가치의 무한한 보존 이외의 아무 것도 아닌 신의 결과적 본성 속에 계속 살아 있다:

"우주 속에는 가치를 체험하고 (그 내재성을 통해서) 그것
을 나누어 가지는 통일이 존재한다. 어떤 컴컴한 원시림 속
에 피어난 한 떨기 꽃송이의 처연한 아름다움을 예로 들어
보자. 어떤 동물 한 마리도 그 완전한 아름다움을 체험하
는 경험의 정취를 얻지는 못한다. 그렇다고 하더라도 이 아
름다움은 우주 속에 있는 하나의 엄청난 사실이다. 자연을
쳐다보고 거기서 그 경이로움에 대한 동물적 체험이 얼마나
덧없고 피상적인지를 생각한다면, 그리고 각 꽃송이 하나
하나의 세포와 그 하늘거림이 그 전체적 작용을 체험하는
데 얼마나 무능한가 하는 것을 인식한다면—그러면 우리의
마음 속에는 전체에 대한 개별성의 가치에 관한 감각이 눈
뜰 것이다. 이것은 모든 종교의 밑바탕에 있는 성스러움에
대한 예감이다."(MT, 119f.)

　개별자의 아름다움은 전체의 아름다움으로 이행하고 각
요소의 조화가 현실적 개별존재의 충만한 소우주적 영역으
로부터 사회의 공동 작용의 대우주적 영역으로 나아갈 때
그 가운데서 배가된다. 경험 영역의 증가하는 복잡성과 더
불어 계속 증가하는, 우리에게 열릴 수 있는 자연적 세계의
조화는 우리 자신을 더욱 포괄적인 아름다움으로 나아가는

부분 혹은 단계로서 파악하도록 한다. 우주는 신의 자기생성이 가지는, 원초적으로 규정된 주체적 목표에 맞추어 이 아름다움을 향해 움직인다: "전체 우주의 목적론은 아름다움의 산출을 지향한다."(AI, 462/341) 아름다움은 이렇게 성스러움의 성격을 획득한다.

그렇다고 세계 안에 있는 모든 것이 아름다운 것은 아니다. 종종 극단적인 결함도 있기 마련이다. 많은 것들이 일종의 형이상학적 추함을 가지며, 우리는 그 관점에서 혐오감이나 공포를 가지고 그것을 외면한다. 물론 아름다움의 실현을 포함하지 않은 선이란 존재하지 않는다는 사실도 타당하기는 하지만 그것이 무조건 아름다움의 모든 실현이 선하다는 것을 뜻하지는 않는다. 세계 안에는 악의 경험이라고 부를 수 있는 무엇인가가 존재한다. 이 경험은, 사변적 발단이라는 의미에서의 체계가 적합할 경우, 설명될 수 있고 아름다움의 신적 목표와 합치될 수 있을 것이다.

4) 악의 형식들

화이트헤드에 있어서 악은 여러 가지 얼굴을 하고 있다. 『과학과 근대세계』에서 악은 우선 신적인 이상을 추구하는,

지금 막 출현하는 현실적 개별존재에 대한 거부로 규정된다. 따라서 악은 (제5장 2절의 해석에 따라) 자유가 스스로 거부되고 인과적 효과성의 멍에가 씌워질 때 생겨난다: "악은 영원한 비전을 무시하는(disregarding the eternal vision) 분산된 목적설정을 위한 노출된 충동력이다."(SMW, 222/192) 이러한 악의 형식은 세계 안에 있는 자유의 댓가다. 이와는 달리 다른 관점에서의 악은 어떤 현실적 개별존재의 느낌의 요소를 가진 상호적인 억압("inhibition")이다. 이것은 영원적 대상을 부정적 파악에 의해서 복합적 경험의 요인으로부터 배제함을 뜻하는 것이 아니라 그 상호간의 해악을 근거로 긍정적으로 파악된 두 요소(혹은 둘 중의 하나)의 중요성을 감소시키는 것이다: "이것은 가장 보편적인 의미에서의 악의 느낌인데, 물리적 고통이든 아니면 불행과 혐오, 공포와 같은 심리적 악이든 간에 그러하다. 이런 유형의 억압을 나는 '미적 파괴'라 표현하고자 한다."(AI, 449/330)

미적 파괴에 대한 주체적 경험을 화이트헤드는 "부조화의 느낌"(discordant feeling)이라 부른다. 이것은 광범위한 의미에서 모든 고통을 포괄하며, 막 생겨나는 현실적 개별존재에 대해서는 대부분 피할 수 없다. 경험의 자료가 부정적인 파악에 의해서 파악하는 주체 안에서의 미적 파괴를 회피하지 못할 때 그러하다. 이 경우 해당하는 자료는 "객관적 부조화"(objektiv dissonant)를 뜻한다: "문제로 되는 유형에서 어떤 복합적 소여所與가 지각의 주체로부터 보통 부조화의 느낌으로 나아갈 때, '객관적 부조화'라 이른다."(위의 곳) 부조화가 강하게 느껴지면 질수록 충족의 완전성, 즉 아름다움의 실현에 대한 방해가 강해진다. 즉 악의 경험이 커진다.

어떤 일정한 경험 자료의 객관적 부조화에 대한 **하나의** 근거는 신적인 이상의 거부에서 귀결되는, 부자유를 향한 피조물적인 자유다(윤리적인 악의 본래근거). 그러나 그 이상의 근거는 완전성의 각 형식의 원칙적인 유한성이다. 그 이유는 존재의 한정성은 필연적으로 아름다움의 다양한 실현의 객관적 불일치를 포함하기 때문이다: 각자 그 자체로 그 실현의 최고 이상에 상응하는 두 현실적 개별존재는 그럼에도 불구하고 그 전체성에 있어서 미적인 모순을 포함할 수 있다: "(...) 모든 여타의 완전성의 무한성을 자기 안에 포함할 수 있는 완전성이란 없다."(AI, 450/330) 그러므로 그 자체로는 선한, 우주의 임의의 한 점에서 아름다움의 실현은 보다 커다란 연관성에서는 악일 수도 있다. 즉 이를 통해서 다른 현실적 개별존재에 있어서의 아름다움의 계속적인 실현은 방해를 받거나 제한되는 것이다.(AI, 462/341을 비교할 것)

우리는 시초적 자료의 대상적 부조화 이외에도 명백한 정신극을 가진 현실적 개별존재에서 종종—화이트헤드가 분명하게 숙고하지 않은— 주관적 부조화를 발견하는데, 그 원인은 개념적 역전의 통합, 변환 범주의 실현 혹은 이 두 경우에서 공통으로 발견될 수 있다. 이 경우 미적 파괴는 정신적인 본성을 제외한 고통으로 나타난다. 만일 내가 그 어떤 이유로 걱정하기 시작한다면 이것은 미적인 파괴에 대한 하나의 긍정적 느낌이다. 이것은 아주 드문 경우 나의 신체적 파악을 제약하는, 내가 설정한 자료의 필연적 귀결이다: 내 입장에 처한 다른 사람은 같은 상황에서 아마도 아무 걱정도 하지 않고 있을지도 모른다. 어떻든 오직 인간만이 내가 어떻게 할 것인지를 걱정할 수 있는 것으로 보인다. 그 이유는 어떤 현실적 개별존재에 대한 그러한 유사한 부조화한 경험 가능성의 필연적 조건이 그의 체험에 있어서의 현재화하는 직접성의 지각양상이라는 것이다.

화이트헤드는 한 구절에서(MT, 77f.) 어느 날 어미 다람쥐가 세 마리의 새끼 다람쥐를 성공적으로 옮겨 놓은 뒤 약간 당황하는 행동을 관찰한 이야기를 한다. 새끼 다람쥐들은 옛 둥지와 새 둥지 사이에서 여러 번 갈팡질팡하다가 결국 둥지를 옮긴 결과에 만족했다는 것이다. 화이트헤드는 이 관찰을 다음과 같이 해석한다: 다람쥐는 숫자를 세지 못한다. 어미는 단순히 새끼가 몇 마리인지 알지 못했으며, 그것이 몇 마리인지 알았을 **경우에**만 행해진 일에 대한 만족을 가졌을 것이라는 사실이다. 만일 새끼 한 마리를 잃었을 경우에는 고통을 느꼈을 것이다: "그래서 선과 악의 발생은 분명한 체험에 있어서의 제한의 정확한 형식의 앎에 달려 있다. 이런 형식 가운데서 숫자는 결정적 위치를 점한다."(MT, 78)

형식에 대한 정확한 지각은 오직 현상에서만(제3장 7절을 참고할 것) 가능하다. 인간은 동물 가운데서 영역을 정의하고 세부적인 다양성을 뒤로 후퇴시키는 현상이 가장 뚜렷한 존재다. 현상은 제공된 자료의 혼돈스러운 견실성이 개별적 경험의 강도를 약화시키지 못하도록 한다. 그것은 동일성을 위하여 자료의 분산을 등한히 한다: "현상은 상호 구별되는 대상들을 통일로 총괄함으로써 밀도를 강도强度와 결합시킨다."(AI, 456/336) 그 결과는 근심 혹은 상실의 고통과 같은 조화를 이루지 못하는 느낌을 밑받침해 준다. 그러나 그 결과는 또한 깊은 만족과 모태기쁨의, 완전성의 최고 형식을 밑받침해 준다: "그것은 선이건 악이건 간에 감정의 톤을 가진, 특별히 강한 체험을 야기함으로써 강도와 밀도를 유지한다. 아름다움의 정점은 이를 통해서 악의 가장 깊은 심연

232

과 같이 가능해진다. 그것은 양자를 억압 혹은 제거의 억제된 반응으로부터 보존하기 때문이다."(위의 곳)

말하자면 아름다움의 경험 가능성은 악의 경험 가능성과 불가분하게 결합되어 있다. 오직 깊은 슬픔을 가진 사람만이 최고의 행운을 차지할 능력이 있다. 이것은 인간적 비극이라 할 수 있겠으나 그의 운명을 이 결합의 관점에서 저주하는 것은 좀 성급한 듯하며, 그러나 우리는 이 깊은 슬픔도 어떤 관점에서는 그 자체로 가치있는 것으로 평가한다. 누가 보통의 상황에서 선택권이 있을 경우 새끼 다람쥐의 삶보다 한 인간의 삶을 선택하지 않을 것인가? 그리고 우리는 세상에서 무엇인가를, 자신의 무감각을 돌볼 필요가 없는 사람을 부러워하는가? 존 스튜어트 밀은 만족한 돼지보다 불만족한 인간이, "만족한 바보보다 불만족한 소크라테스가 낫다."고 말했다.[97] 그 이유는 슬픔이나 불행도 강한 감정이며, 우리에게 그 자체로 가치있는 강한 체험의 형식이기 때문이다.

우리는 고통 속에서는 살지만 느낌이 없으면 죽는데, 그 이유는 우리가 그렇게 되는 날에는 자신감을 잃기 시작하기 때문이다. 그래서 미적인 파괴라는 악과 신적 이상을 벗

---

97 J.St. Mill, *Der Utilitarismus*(1781), Stuttgart 1976, 18쪽을 참고할 것.

어남이라는 악 이외에도 제3의 것으로서 우리 체험이 무관심 속에서 죽어가도록 하는 진부함이라는 악("a tame scaling down")도 있는 법이다. 아무런 새로운 국면도 추가되지 않고 낡은 것만이 계속 반복되면 충족의 완벽성조차도 소진되고 그 아름다움이 상실된다. 같은 것이 영원히 반복되는 것은 많은 철학자들에게 매력일 수 있다—그러나 대부분의 사람들에게 그것은 악몽이다. 여기서 나오는 결론은 이렇다.—앞에서 유사하게 이미 아름다움은 비록 그 자체로만 보면 언제나 선하지만 그 귀결을 고찰해 보면 언제나 그런 것은 아니라는 사실을 언급했듯이— 우리는 이렇게 말하지 않으면 안 된다. 즉 미적인 파괴는 그 자체로만 보면 악의 총체지만 마찬가지로 미적 완전성의 필연적 조건인데, 이것이 존재하는 그대로 남기 위하여 항구적인 갱신을 필요로 한다. 선이란 오직 악(부조화 혹은 미적인 파괴)이 존재하기 **때문에** 존재한다. 그러므로 부조화의 악은 불완전성이고, 그 긍정적 가치는 그것이 새로운 완전성으로 가는 길을 넓힌다는 데 있다: "[...] 이—그 자체로는 파괴적이고 나쁜— 갈등이 성취할 수 있는 아름다움의 발전을 위한 기여는 우리의 노력이 갑자기 소진된 완전성의 무미건조함으로부터 더 신선한 이상으로 옮겨가는 긍정적 느낌이다. 이 부조화에서 나타나는

가치의 국면은 불완전한 것의 기여에 대한 일종의 공물貢物이다."(AI, 450/330)

충만한 삶에는 부조화와 일치가 상호 균형을 이룬다. 부조화가 없다면 모든 삶은 질식할 것이다. 일치가 없다면 모든 가치의 실현은 이미 후속하는 세계를 위한 실현의 계기에서 상실될 것이다. 악은 아무런 정체성도 요구하지 않는 갱신 가운데 있으며, 그것은 또한 아무런 갱신도 경험하지 않는 정체성 가운데 있다. 그리고 오직 이 양자가 올바른 관계를 맺고 있는 곳에서만 아름다움은 긴 시야에 도달할 수 있고 보존될 수 있다. 그러나 경험의 강도를 유지하기 위해 필요한 균형을 산출해 내는 데 성공할 때에도 세계에서 근본악이 없어지지 않는다. 구체적인 지금과 여기에 묶여있지 않고 모든 관계의 특수성을 뛰어 넘은 세계에서는 일종의 악의 형식이 존재한다. 현실의 근본악은 과거의 것이 없어지며, 존속하는 것이 상실되는 것이고, 모든 것에 구멍을 뚫어 놓는 시간의 흐름이다.

현실화란 언제나 (현실 세계에) 현존하는 가능성의 선택이다. 모든 것이 구제되는 것은 아니며, 그 이유는 그렇지 않았더라면 새로운 것이라곤 아무 것도 존재하지 않을 것이기 때문이다. 삶의 조건은 죽음인데, 그 이유는 과정이란 오직

그것이 부정되었을 때에만 창조적이기 때문이다:

"시간적인 세계에서 기본적인 악은 그 어떤 특수한 것보다도 깊숙이 존재한다. 과거는 사라지고 만다는 사실 속에 시간이 '지속적인 소멸'이라는 사실이 들어 있다. 대상화는 자신의 제거를 야기한다. 현재의 사실은 과거의 사실을 사기에 있어서의 완전한 직접성 안에 가지지 않는다. 시간의 과정은 과거를 각인된 느낌의 베일 속으로 은폐한다."(PR, 609/517/340)

삶의 본래적인 비극은 어떤 것이 개체적인 무게를 가지면 가질수록, 즉 그 존재의 강도가, 그래서 그 고유 가치가 강하게 각인되면 될수록 그만큼 더 빨리 상실되는 것으로 보인다는 데 있다. 분명코 높은 정도의 자립성을 보여주는 자료가 바로 아주 어렵게 서로 결합되며 불일치하는 경향이 있다: "세계의 악은 그 전달의 관점에서 투명한 요소들이 그 자체로 단지 최소한의 의미만을 전달하고, 또 개별적 의미를 가진 요소들이 생동하는 직접성을 어두움에 빠뜨리는 불협화음을 이룬다는 데 있다."(PR, 610/517f./341)

화이트헤드가 말하는 죽음에 대한 경험, 저 어두움 속에 빠짐 등은 현실에 대한 우리 체험의 본질적인 성분이다. 그리고 우리가 소멸의 필연성을 그 어떤 상태에 의해서도 현실적으로 희석할 수 없는 악으로서 경험한다는 것은 의심의 여지가 없다. 소멸은 결국 치유될 수 없는 고통으로 보인다. 그러나 만일 사정이 그러하다면, 만일 신이 존재한다면, 우리에게 신은 적어도 이 고통에서 구제할 수 있지 않을까? 그런데 신은 왜 이런 일을 하지 않는 것일까?

5) 신과 악: 변신론

전통적인 신의 표상에 따르면 신의 본질은 절대적 완전성의 개념에 의해서 특징지어진다. 그러한 완전한 존재로서의 신은 필연적으로 전능하며 최고로 선하다(악이 결여로 이해되기 때문에). 이 생각에는 어려움이 따르는 바, 세계 속에 있는 악의 존재는 그렇게 해서는 설명되지 않는다는 것이다. 그 이유는 만일 악이 존재한다면 신은 전능하지 않거나 아니면 완전한 선이 아닐 것이기 때문이다. 그러나 신이 전능하고 완전히 선하다면 악이란 존재할 수 없을 것이다. 이 딜레마로부터 빠져나갈 수 있는 유일한 출구는 어떤 일이 왜 일어나는지를 알지 못한다고 하더라도 그것은 그 정당성을 가지며 신적인 선과 전능은 중단되지 않는다는 것, 모든 논리학의 가정된 사태가 모순된다고 하더라도 그것은 그렇게 될 수밖에 없다는 사실에서 출발하는 것이다. 이 길은 세계의 합리적 관철에 대한 의도적인 포기일 뿐만 아니라 합리성 일반에 대한 포기이다. 반면에 만일 신이, 그리고 신과 더불어 세계가 생각할 수 있고 또 악의 경험이 논쟁의 여지가 없음에 틀림없다면, 신의 완전성은 여타의 것과 달리 파악되어야 할 것이고, 그래서 신에게서 자신의 신성을, 그래서 신의 개념에서 신의 의미를 제거하지 않고서도 모순이 해소될 수 있을 것이다. 오직 이렇게 해서만 체계의 적합성과 일관성이 보존될 것이다.

우리가 보았듯이, 화이트헤드의 신은 전통적인 의미에서 전능하지 않다. 신의 권능은 설득의 능력이지 강제의 권능이 아니다. 그럼에도 불구하고 여기서 실제로 존재하는 세계라는 가정 하에서 화이트헤드적 신의 권능보다 더 커다란 권능은 생각할 수 없고, 이런 의미에서 신은 전능하다고 말할 수 있다는 명제가 대두된다.

악의 문제와는 별도로 전통적인 전능의 개념에 대항하여 서로 유사한 두 가지 논법이 있다. 첫째의 논법은 그리핀 Griffin이 전능의 오류추리("omnipotence fallacy")라 부른 것에 관계된다.[98] 이 추리는 다음과 같은 전제를 깔고 있다. 즉 모든 힘으로부터 자유로운 존재, 화이트헤드가 말하듯이, 일종의 공허한 현실은 생각될 수 있고 또 의미가 있다는 것이다. 이 전제에 대해서는 이미 제3장 1절에서 비판한 바 있다. 어떻게든 우리에게 알려져 있는 모든 존재자는 바로 이점에서 우리에게 영향을 미치며, 이 '영향을 미침'이란, 버클리가 이미 말했듯이, 우리가 무엇인가가 존재한다고 생각하고 말하는 그것이다. 그리핀은 자신의 한 중요한 논문에서 이렇게 쓴다: "문제는 다음과 같은 전제다. 즉 완전한 힘 혹은 전능이란 말의 의미는 이 완전한 힘이 거기에 행사되어야 하는 존재자의 본성에 관한 형이상학적 논의 없이도 규정될 수 있을 것이라는 것이다. [...] 온전히 고유한 영향력(힘)이 없이도 존재하는 현실에 관하여 논의하는 사람은 이 개념의 의미에 관하여 그 어떤 경험적인 토대도 가지지 않은 상태에서 그렇게 하는 것이다." 그리고 그는 이런 결론을 내린다: "[...] 어떤 현실계가 존재하고, 이 세계가 형이상학적 필연성에 의해서 수많은 영향력 있는 존재자를 포함한다면, 그 어떤 존재자가 힘의 전권을 가지는 일은 불가능하다.

---

98 D.R. Griffin, *God Power and Evil. A Process Theodicy*, Philadelphia 1976, 249쪽 이하를 참고할 것.

그러므로 어떤 존재자가 가질 수 있는 생각할 수 있는 가장 큰 힘은 전체의 힘과 동일시될 수 없다."[99]

오직 신만이 힘을 가지는 어떤 세계는 단지 신의 생각의 유희이며 실제적인 창조가 아닐 것이다. 그러나 세계는 그 이상이라는 것을 우리의 경험은 사실로 입증한다. 이러한 생각의 과정에 둘째의 논법이 포함되어 있다: 말하자면 만일 우리가 주석朱錫으로 이루어진 세계를 지배하는 신과 자유와 실제적인 힘을 가진 존재로 이루어진 세계를 지배하는 신 가운데 누가 더 힘이 강한지를 묻는다면, 이 후자가 더 힘이 강하다고 답할 것이다. 전통적인 개념에 따르는 전능한 신은 사실상 무기력할 것인데, 그 이유는 그런 신은 아무런 의지도 없는 피조물을 지배하며, 그렇기 때문에 본래적인 의미에서는 아무 것도 지배하지 못하기 때문이다. 그래서 절대적인 전능과 절대적인 무기력이 생겨나게 된다. 이에 따라 힘의 개념에는 관계성이 중요한 것으로 지적되고 그래서 결정적인 물음은 세계 안에 신 이외에 다른 힘이 존재하는가 하는 것이 아니라 얼마나 많은 힘이 어떤 관점에서 존재하는가 하는 것이라고 본다.

화이트헤드의 우주는 실재적이고 다원론적인 세계다. 이

---

99 위의 책, 265-268쪽을 참고할 것.

세계에 거주하는 현실적 개별존재는 실재적인 힘을 가지는데, 말하자면 이 존재는 어느 정도의 자유를 가진다. 화이트헤드의 신은 그러므로 세계의 모든 힘을 가지지는 않는다. 그러나 이 신은 모든 현실적 개별존재 가운데 유일하게 모든 시간과 모든 곳에서 힘을 가지며 이런 의미에서 전능하다. 이렇게 파악되어 의미있게 된, 신적인 전능은 다른 현실적 개별존재의 자유로운 실존과 모순되지 않으며, 반대로 다른 현실적 개별존재를 전제로 한다. 피조된 자유의 가능한 귀결, 그리고 현실적 개별존재의 실제적인 힘의 표현으로서의 악은 형이상학적 필연성을 가지지는 않지만 위에 언급한 이유들 때문에 신으로부터 배제할 수 없다. 말하자면 신은 가능한 한 최고의 힘을 가지기는 하지만 악의 존재에 대해 아무런 책임도 없는데, 이 악이 피조된 자유의 결과인 한에서 그렇다. 어떻든 우리는 이미 악의 다른 형태들도 존재한다는 것, 그 가운데서 미적 파괴라는 악이 아름다움의 촉진과 유지를 위한 중요한 기여를 한다는 사실을 살펴보았다.

그러나 신의 주체적 목표는 다름 아닌 아름다움의 실현인데, 바로 이 사실에서 신은 (미적 파괴라는) 악을 의욕하며, 그러므로 원래 선하지는 않다고 추론할 수도 있을 것이다. 이런 비난은 특히 엘리Ely, 그 이후 메든Madden과 헤어Hare가 제기한 바 있다.[100] 그래서 엘리는 이렇게 쓴다: "우리에게 악한 것이 신에게는 대조와 종합에 의해서 아름답게 나타날 수도 있다. 아마도 세계대전은 신적인 회화繪畵의 완전화를 위한 필연적인 검은 얼룩일 것이다. [...] 분명히 말하건대, 신은 최고로 선하지는 않다. 신은 선을 의욕하지 않는다. 신은 아름다운 것을 원한다."[101]

메든과 헤어도 똑같이 말한다: "확실히 미적 가치를 얻기 위해서 어느 정도의 도덕적, 물리적 악을 수용하려는 의지를 가진 신은 견뎌내기 어려운 존재다."[102] 무엇보다도 미적 은유를 선호하는 화이트헤드의 태도는 확실히 여기서 충돌을 일으킨다. 아름다운 것은 선한 것에 대립하는 것으로 이해되고 있다. 나아가서 신의 관심은 세계에 존재하는 모든 현실적 개별존재의 관심에 배치될 수 있다는 것, 달리 말해서 신은 아름다움을 추구하면서 가사可死적인 피조물의 고통을 뛰어넘을 용의가 있다는 것, 더 안 좋은 것은 피조물들

---

100 St.L. Ely, The Religious Availability of Whitehead's God. A Critical Analysis, in: Ford/Kline, a.a.O., 170-211쪽. E.H. Madden/P. Hare, *Evil and the Concept of God*, Springfield, Illinois 1968을 참고할 것.

101 Ely, a.a.O., 202쪽을 참고할 것.

102 Madden/Hare, a.a.O., 124쪽을 참고할 것.

의 이 고통이 신을 위한 세계회화의 아름다움을 증가시킨다는 것 등이 전제되어 있다.

엘리와 메든, 헤어의 이러한 가정은 첫째로 확실히 화이트헤드와 관련이 없는 아름다움의 개념을 바탕으로 하고 있다. 둘째로 신과 세계의 관계에 대한 표상은 화이트헤드의 체계 속에 있는 상대성의 근본 사상을 등한히 하고 있다.

이미 설명한 바와 같이, 아름다움은 선과 일치하지는 않지만 그렇다고 그 반대항과 합치되는 것도 절대 아니다. 악은 결코 그 자체로 아름답지 않다. 모든 악은 그것이 후에 커다란 선을 담보한다 하더라도 악으로 느껴진다. 경험의 모든 불일치는 실제로 존재하는 세계의 사실이고, 그래서 그 현실적인 세계가 그때마다 존재하는 모든 현실적 개별존재를 포괄하는 신의 그러한 세계로 느껴진다. 신도 자신의 이러한 결과적 본성에 있어서는 고통을 고통으로, 악을 악으로 느낀다.

이것은 우주적 상대성의 원리가 가지는 해명이다. 신 안에는 부정적인 파악이나 아무런 상실도 존재하지 않기 때문에, 과거에 존재했거나 미래에 존재하게 될 모든 것은 신의 무한성 속에서 주체적 직접성에 도달할 수 없다. 악이나, 그것이 무엇이었건 간에 존재하는 모든 것은 과정의 이후 단계에서 혹시 선을 촉진하는 데 기여할 수 있을지 아니면 그렇지 못할지와는 무관한다. 그러므로 신—일종의 쾌락주의적 독재자와는 동떨어진—은 오히려 함께 느끼고 함께 아파하는 동료, 즉 "이해하며 고난을 함께 나누는 존재"다.(PR, 626/532/351) 신은 악을 원할 수 없다, 신은 세계를 위하여 아무 것도 원하지 않기 때문이다. 그리고 신은 자기자신을 위해 무엇을 원하지도 않는다. 어떤 관점에서 보면 신은 모든 현실적 개별존재 가운데 유일하게 관점주의적으로 제한되지 않기 때문에 세계 전체의 정수精髓다: 세계는 동시에 신의 몸이다.

그러므로 이기주의와 이타주의 차이는 신 가운데 존재하지 않는다. 미적인 파괴라는 악이 존재한다는 것은 신의 탓이 아니라 존재 일반의 조건 속에 그 이유가 있다. 신은 세계의 본질을 바꿀 수 없으며, 그 이유는 신이 세계의 창조자가 아니라 단지 최초의 피조물이기 때문이다. 신이 행할 수 있고 또 자신의 원초적 규정의 힘으로 그때마다 생성하는 각 현실적 개별존재들의 주체적 목표를 부여함으로써 현실적으로 행하는 것은 미적인 파괴가 가능하면(세계 자체 안에서) 선으로 방향을 바꾸도록, 즉 아름다움의 좌절이 아름다움의 새로운 형식으로 향하는 문을 여는 데 기여하는 일이다.

화이트헤드의 신은 이런 의혹에 대한 책임이 없으며 또 그러려고 하지도 않는다. 신은 이런 의혹에서 탄생한 희망에 대하여 책임이 있다. 신은 자신과 세계(둘은 같은 것이다)를 위하여 악을 폐기하지 않고 극복한다. 악을 극복한다는 것은 그 실재적 존재를 전제한다. 그것은 선하든 악하든, 모든 파악의 점진적 통합에, 그리고 완전한 조화를 향한 능동적인 추구를 통해서 규정되는 영원한 신적 자기생성의 과정에 성립한다. 각 현실적 개별존재는 자신의 발생 순간에도 신의 현실적 개별존재를 파악하기 때문에 미적 파괴라는 악에 대한 신적인 극복은 세계에 대한 객관적 중요성을 가지며, 우리가 고통을 벗어나기 위하여 가야 할 길을 제시한다: "세계 안에서 행해지는 것은 하늘의 실재로 변하며, 하늘의 실재는 다시 세계로 이행해 간다."(PR, 626/532/351) 신이란 자신이 파악한 성과이며, 그 자체가 "세계 안으로 역류逆流하는" 한에서, 화이트헤드는 신을 또한 신의 초월적 본성("superjective nature")이라 부른다.

원초적 본성, 결과적 본성, 초월적 본성이라는 신의 세 가지 본성에 따라 다른 현실적 개별존재에서도 각각 주체적 직접성의 존재양상을 띠는 개념극과 물리극 그리고 대상적 불멸성이라는 존재 양상이 대응한다. 신이 이런 관점에서 체계 내에서의 예외가 되는 것은 아님에도 불구하고 마치 예외인 것처럼 유추하는 것은 문제가 있는데, 무한한 과정으로 이해된 신적 생성의 개념, 그리고 각각의 파악 자료에 대하여 범주적으로 요구되는 철저한 규정성 사이에는 분명 모순이 생기기 때문이다. 신의 자율적 생성이 결코 종말에 도달하지 않는다면, 우리가 지금까지 알고 있는 모든 것에 대하여, 그 개념극을 도외시하면 신 안에는 파악될 수 있는 아무 것도 존재하지 않는다는 것을 의미할 것이다. 그러나 생성은 모든 파악을 벗어나며, 그 결과 그 어떤 현실적 개별존재도 동시에 주체이면서 대상일 수는 없게 된다. 그러나 신은 정확히 이러한 존재인 것으로 보인다. 그러므로 신의 초월적 본성은 체계적으로 설명할 수 없다.

핫츠혼과 캅 같은 과정신학자들은 이러한 사실로부터 신이 현실적 개별존재가 아닌 일종의 인격적 사회로 이해되어야 한다는 결론을 도출한 바 있다.[103] 그러나 이것은 분명 화이트헤드의 견해와 모순되고 다른 약점들과 더불어 세계의 다기성이 그 실재적 통일성을 잃게 되는(말하자면 대상적 불멸성의 교설 최후 의미로서의 세계의 신격화) 결과에 이를 수도 있

---

[103] Ch. Hartshorne, Ontological Primacy, A Reply to Buchler, 300쪽, in: Ford/Kline, a.a.O., 295-303쪽. J.B. Cobb, *A Christian Natural Theology*, Philadelphia, Pennsilvania, 1965, 188쪽 참고.

다(제5장 5절).[104] 신은 유일한 현실적 개별존재이며 동시에 언제나 다시 새롭게 파악될 수 있다. 이 모순은 가장 보편적인 종교적 직관을 정당화하려는 화이트헤드 스스로 부과한 의무가 빚어낸 결과다. 그것은 모든 존재자가 필연적으로 사라져야만 한다는, 세계의 근본적인 악이 다일 수는 없다는 보편적으로 확장된 인간의 지각에 대해서 체계 안에서의 토대를 부여하고자 하는 한 시도다. 그러므로 이 모순은 체계의 정합성이라는 근거에서 생겨나기 때문에 단순히 개인적 기호의 결과가 아니다.

신 안에서는 선이 악을 이기는데, 그것은 존재하는, 존재했던, 존재하게 될 아무 것도 신 속에서 소멸하지 않으며(신의 결과적 본성), 세계는 신의 이 승리에 참여하기 때문이다(신의 초월적 본성). 신이 악을 극복하는 것은 그때마다 고통받는 현실적 개별존재에게는 너무 늦은 것이며, 모든 현실적 개별존재는 신의 영원성에도 불구하고 결국 소멸하고 마는데, 그 주체적 직접성 역시도 불가항력적으로 신에 있어

---

104 핫츠혼과 캅에 대한 반대 입장을 상세히 설명하는 논문으로는 L.S. Ford, Boethius and Whitehead on Time and Eternity, in: *International Philosophical Quality*(März 1968), 42-66쪽이 있고, 또한 A.H. Johnson, *Whitehead's Reality*, a.a.O., 68쪽 이하도 참고.

서 소멸하기 때문이라는 엘리Ely의 반박[105]은 우리 인간적 인격성의 경험을 생각해 보면, 실제로 확실하지는 않다. 우리는 원래 항상 본질적으로 우리 자신을 한 인격적 사회의 부분으로 느끼며, 우리의 기억은 대상적 불멸성에 대한 직접적 표현이다. 보통 현재 순간의 주체적 직접성(즉 인격적 연속성의 내부에 있는 한 현실적 개별존재 A)은 지나가 버린다는 사실은 아무렇지도 않게 생각한다. 왜냐하면 우리(즉 과거의 현실적 개별존재 A의 내용)는 그야말로 다가오는 순간(후속하는 현실적 개별존재 B)의 주체적 직접성의 안에 계속 살아가기 때문이다. 세계의 근본악은 주체적 직접성의 소멸이 아니라 대상적 불멸성의 불완전성, 즉 우리에게 그 내용이 상실된다는 사실이다: 우리는 오늘 이전에 가졌었거나 그 어떤 상태였었던 것 가운데 몇 가지를 잃어버렸음에 대해 얼마나 정확히 느끼는지를 잊고 있다. 죽음에 대한 불안이란 내가 느꼈던 것을 직접적으로 바로 느낄 줄 아는 아무 것도 더 이상 존재하지 않으리라는, 그리고 모든 고통과 더불어 그렇게 오랫동안 내 속에 있던 모든 행운이 결국 무에 의해 삼켜지리라는 가능성에 대한 공포다.

신은 우리의 불안의 근거를 그 결과적 본성에 의해서 극

---

105 Ely, a.a.O., 200쪽을 참고.

복한다. 그러나 그 불안 자체는 그 초월적 본성(본래 지각된 것으로서의 결과적 본성)으로 인한 것이다. 우리가 속해 있는 인격적 사회는 불멸하지는 않지만 우리의 실존을 통해서 획득한 삶의 가치는 그렇지 않다. 그리고 그 이상의 신뢰는 필요하지 않다:

> ❉ "여기서 우리는 대상적 불멸성이라는 교설의 최후 응용을 발견한다. 모든 시간적 피조물의 삶에 속해 있는 소멸해 가는 사건들을 통해서 전향 혹은 재생의 내적인 고통은 사물 자체의 본성에서 유래하는 판관, 구세주 혹은 성스럽지 않은 여신, 신의 존재 속에서 영속하는 자신의 변환이다. 이런 방식으로 그칠 줄 모르는 동경은 정당화된다. 그 실존을 향한 이 동경, 이 열망은 소멸되면서도 영원히 살게 되는 우리의 직접적 행위의 항존하는, 중단되지 않는 의미에 의해서 재생된다."(PR, 627/533/351)

화이트헤드가 자신의 체계적 우주론의 주저인 『과정과 실재』를 종결짓는 희망에 찬 시각은 그의 철학이 가지는 본질적으로 낙관적인 성격을 드러낸다. 화이트헤드가 부여하는 신에 관한 서술은 자신의 우주론에서 귀결되는 엄격한 필연성을 띤 것이 아니라는 사실은 화이트헤드 자신에게도 분명하다. 이것은 신에 관한 그의 서술이 단순히 그의 우주론에 교배시킨 것이 아니라는 뜻이다. 이것은 종교적인 것에 대한 강렬한 직관의 관점에서 체계를 토대로 한 해석이며, 그렇기 때문에 존재의 근원적 가치와 대상적 불멸성 교의의 속행續行으로서 의심할 나위 없이 화이트헤드 우주론의 핵심을 이룬다. 신의 구체적 실존이 없다면 체계는 불완전할 것이고, 결정적으로 정합성과 적합성을 상실한 것이다. 유기체철학에 있어서 신개념의 불필요성을 입증하고 신이 없는 체계를 구성하려는 셔번Sherburne이 행한 것과 같은 시도[106]는 마치 플라톤의 철학에서 이데아의 영역을 분리시키거나 헤겔 철학에서 절대정신을 유리시키는 것과도 같다. 이렇게 순진한 의도로 체계를 정화하려는 시도는 세계가 결국은 무의미할 수 없고 또한 불투명한 혼돈일 수 있는 것이 아니라 모순을 해소시킬 수 있는 하나의 질서를 제시할 것이라는 철학적 확신에 지나지 않는, 화이트헤드에게는 아주 본질적인 합리성의 요구를 무시하는 것과도 같다.

---

106 D.W. Sherburne, Whitehead without God, in: D. Brown/R.E. James/G. Reeves(Hg.), *Process Philosophy and Christian Thought*, Inidanapolis, NY, 1971, 305-328쪽 참고.

총괄

1) 창조성의 리듬으로 대립들을 지양함

화이트헤드 철학의 단초端初에는 통일성 속에 있는 다수
성, 다수성 속에 있는 통일성이라는 세계에 대한 우리의 경
험이 가지는 이중적 역설이 들어 있었다. 원칙적인 다수성
의 표현은 세계에 관한 대립적인 경험에 대한 표면상의 부
정합성이었으나 통일성의 표현은 경험의 주체 안에 있는 세
계의 사실적 결합성이었다. 체계의 과제로 제시된 것은 어
떤 방식으로 다수가 일자에 근거하는가 하는 결합성을 생각
할 수 있도록 하고 제시하는 것이었다: "범주들은 모든 사
물의 이러한 상호적인 결합성의 역설을 설명하기 위한 것,
즉 그 다수성과 동시에 그 안과 밖에 존재하는 하나의 세계
의 역설"이다.(AI, 405/293)

이 입문에 제시된 화이트헤드 우주론에 관한 서술은 정신과 육체, 자유와 필연, 생성과 존재, 가치와 사실이라는 세계의 대립적인 측면에 대한 분석에 의해서 주도되었다. 이모든 대립들은 분석에서 하나의 유일한 현실의 상호의존적이고 보충적인 계기로 드러났다. 말하자면 그 결과 일자가타자의 필연적인 토대를 이루고, 또 그 반대의 경우이기도하며, 또한 일자는 어떤 현실적 개별존재가 다른 현실적 개별존재로 변환("transition")하면서 타자의 역할을 하게 된다는 것이다. 그러므로 세계가 둘이나 여러 부분으로 분화됨은 화이트헤드가 도입한 현실 개념에서 두 단계로 극복된다. 첫째 단계는 현실의 본질 가운데 있는 대립의 필연적 결합성에 대한 서술이고, 둘째 단계는 이행의 과정 속에 있는대립의 자기초월이다. 필연적인 결합이란 실제로 존재하는세계에는 필연적으로 어떤 현실적인 것도 단지 물리이기만한 것도, 정신이기만 한 것도, 단지 자유롭기만 한 것도, 단지 필연적이기만 한 것도, 단지 생성하기만 하는 것도, 단지존재하기만 하는 것도, 단지 가치이기만 한 것도, 단지 사실이기만 한 것도 존재하지 않는다는 것을 뜻한다. 현실은 언제나 양극적이다: "우주 도처에는 이원론의 참된 핵심을 이루는 대립의 통일이 지배적이다."(AI, 348/245)

둘째 단계인 대립의 자기초월은 주체적 직접성이 대상적 불멸성으로 그 양상이 변화하면서 일어난다. 이 변화에 의해서 어떤 현실적 개별존재 A에 대한 정신극의 개념적 파악은 어떤 현실적 개별존재 B의 물리적 파악의 내용으로 된다. A 속에 있는 자유의 계기는 B 속에 있는 필연성의 한 계기로, 생성은 하나의 존재로, 자신을 정립하는 개체의 가치는 현실계의 하나의 사실로 된다.

또한 주의해야 하는 것은 지금 연구된 네 개의 대립짝은 또한 하나의 유일한 대립의 네 가지 측면으로 이해될 수도 있다는 점이다. **정신**, **자유**, **생성**, **가치**의 개념은 실재 세계를 주체로, **물체**, **필연**, **존재**, **사실**(Tatsache)의 개념은 그것을 경험의 주체로 서술한다. 각 주체는 첫째로 한 대상 및 자기 대상의 전체에 중요하고, 둘째로 그 자체로 새로운 주체의 한 대상으로 된다. 그러므로 대립의 비일관성을 극복하기 위한 열쇠는 세계에 대한 과정적 이해다: "과정은 우주가 비일관성이라는 배척자를 벗어나는 길이다."(MT, 54)

과정의 원리는 이렇게 그 변증법적 기능에서 입증된다.[107]

---

107 헤겔적 의미에서의 매개 및 동일성 원리로서의 과정 원리의 의미를 강조하는 논문으로는 F. Kambartel, The Univers is More Various More Hegelian. Zum Weltverständnis bei Hegel und Whitehead, in: *Collegium Philosophicum. Studien zum 60. Geburtstag* J. Ritters, Stuttgart/Basel 1965, 72-98쪽 참고.

이 원리는 어떻게 생성과 소멸이라는 영원한 율동 안에 있는 존재적인 대립이 항구적으로 자기를 극복하면서 동시에 보존되는지를 설명한다: 이것은 창조성의 율동에 있어서의 대립의 **지양**이다. 오직 일시적인 세계와 관련지어서 보면 이 창조성은 어떻든 아직 충분히 멀리 미치지 못하고 있으며, 그런 한에서 얼핏 보기에는 대립을 극복했으나 세계의 우연성을 극복하지는 못하고 있다. 세계의 과정 자체는 단적으로 필연적인 것 가운데서 어떤 근거를 발견해야 하고 영원한 생성은 보다 포괄적인 존재에 닻을 내려야 할 것이다. 달리 말하면, 세계는 결합되어야 할 뿐만 아니라 **하나**이기도 하다. 신 안에서 세계 과정은 영원한 시초와 종말을 취한다. 원초적 사실로서의 신은 세계적인 생성 가능성의 영원한 조건이고, 결과적 본성으로서의 신은 실현된 것의 존속이다. 그러나 신도 우주의 통일일 뿐만 아니라 다시 대립짝의 한 부분이다. 최후의 그리고 최고의 대립은 신과 세계의 대립이며, 이 대립 역시도, 그 어떤 통일성(Einheitlichkeit)이 아닌 통일(Einheit)이 완전한 것이어야 한다면, 극복되지 않으면 안 된다: "대립된 요소들은 상호적으로 서로에게 분담된다."(PR, 622/529/348)

세계가 신을 필요로 하듯이, 신도 세계를 필요로 한다. 양

254

자의 과정은 서로 반대 방향으로 진행한다. 양자는 자신이 가지지 못한 것에 의해서 유지된다: 세계는 신으로부터 그 정신극과 관계되고, 마찬가지로 신도 세계에서 그 물리극을 가진다. 세계는 신 안에서 대상적 불멸성을 발견하는 주체로부터 존립하고, 신은 세계에 의해서 주체적 직접성에 도달하는 원초적 대상이다. 신은 영원성의 관점에서 고찰하면 세계이고, 세계도 시간성의 관점에서 고찰하면 신이다. 세계는 신에게 다수성을, 신은 세계에 통일성을 부여한다. 그래서 결국 창조성의 율동은 신과 세계의 이 최후의 대립을 포괄하고 우주의(Uni-Versum) 최고의 통일에서 그것을 지양한다:

* "신은 영속적이고 세계는 유전流轉한다고 말하는 것이 참인 것과 꼭 마찬가지로 세계는 영속적이고 신은 유전한다고 주장하는 것 역시 참이다.
* 신은 하나이고 세계는 여럿이라고 말하는 것이 참인 것과 꼭 마찬가지로 세계는 하나이고 신은 여럿이라고 주장하는 것 역시 참이다.
* 신은 세계와 비교해서 최고로 현실적이라고 말하는 것이 참인 것과 꼭 마찬가지로 세계는 신과 비교해서 최고로 현실

적이라고 말하는 것 역시 참이다.

⚜ 세계는 신에 내재한다고 말하는 것이 참인 것과 꼭 마찬가지로 신은 세계에 내재한다고 주장하는 것 역시 참이다.

⚜ 신은 세계를 초월한다고 말하는 것이 참인 것과 꼭 마찬가지로 세계는 신을 초월한다고 주장하는 것 역시 참이다. 신은 세계를 창조한다고 말하는 것이 참인 것과 꼭 마찬가지로 세계가 신을 창조한다고 주장하는 것 역시 참이다.

⚜ 신과 세계는 대조적으로 존재하는 대립이다. 그 도움으로 창조성은 최고의 과제를 완수한다. 분리된 다수성, 그것과 더불어 대립하는 상이성을 그 상이성이 대조를 이루는 구체화되는 통일로 변환시키는 과제 말이다."(PR, 621/528/348)

대립의 모순은 일과 다를 완전한 동등성으로 결합시키는 대조로 전환된다.

2) 체계의 귀결

확실히 유기체철학의 체계는 완벽하지 않다. 그러나 언제 그러한 완벽한 체계가 존재한 적이 있었던가? 화이트헤드는 확실한 인식에 대한 요구로부터 멀리 떨어져 있다: "[...]

일반적으로 [...] 완전한 확실성에 도달할 수는 없다."(SMW, 36/23) 유기체철학은 오히려 진리에 접근해 가고 인간의 한계 내에서 우리가 속해 있는 현실의 한 부분을 파악하려는 한 시도다. 그것은 여기서 가능한 한 매우 신중하고 조심스럽게 진행하려는 결의를 가지고 있다. 그러나 이 목표를 단 한 순간도 시야에서 잃어버리지 않고서 말이다: 체계는 모든 인간 경험을 같은 정도로 정당하게 주시하려고 노력하는 한에서 신중하고, 스스로 논리적 무모순성과 제일 원리의 자의적 비결합성을 회피해야 한다고 요구하는 한에서 조심스럽다.

그러나 많은 경우 모든 노력에도 불구하고 모든 것에 동시적으로 주의를 기울이지는 못하기도 하는데, 화이트헤드가 의심스러운 경우에도 일관성이라는 적합성을 도출하는 경우가 분명 그러하다. 예컨대 우주시대라는 이론의 논의에서, 그리고 신의 초월적 본성이라는 개념에서도 그러하다. 정말 놀라운 체계의 정합성도 화이트헤드에 의해서 모든 점에서 분명히 관철되지는 못했다. 객관적 양식과 주관적 양식의 영원적 대상 사이의 구별은 대개 어느 정도의 자의성이 있다. 이 구별은 적어도 사물의 본성 속에 그 근거를 가지지는 않는 것으로 보이고, 얼핏 보기에 지각론의 일관성을 보존하기 위해 도입되었다.

그 다음의 어려움은 얼핏 보기에 아주 진부해 보이는, 즉 고정된 임의의 한 순간에 도대체 얼마나 많은 현실적 개별 존재가 존재하는가? 하는 질문이 제기될 때 드러난다. 그것은 무한히 많은 것일 수는 없다. 그것은 이 경우 충족에 이른 합생의 기간이 자료의 결여된 일관된 규정성으로 인하여 성립하지 않을 수도 있기 때문이다. 발생하고 있는 어떤 현실적 개별존재의 현실적 세계는 한정지어져야 한다. 그러나 결국 수많은 현실적 개별존재가 존재한다면 그 수를 밝혀내는 원리가 존재하지 않으면 안 될 것으로 보인다. 그러나 그러한 원리는 어떻게 해도 드러나지 않는다. 현실성의 수도 변화하거나 혹은 언제나 동일하게 유지될 수도 있다.

유사한 문제가 현실적 개별존재의 지속에도 해당한다. 화이트헤드는 상이한 현실적 개별존재의 생성과정이 상이한 시간의 긴장을, 그래서 인간은 대개 전자電子보다 커다란 긴장을 요구한다고 생각하는 듯하다. 그러나 만일 파악되는 세계가 양자에게 동일하다면, 그 차이는 어떻게 근거지어질 수 있는가?

이런 점은 확실히 그렇게 쉽사리 배제해 버릴 수 없는 문제임에도 불구하고 그 총체성에 있어서 체계의 복잡성, 완결성, 중량감 등에 비추어 보면 미미한 정도에 지나지 않는 다. 모든 디테일이 놀라운 방식으로 서로 조화를 이루고 그 래서 서로를 보충하여 주목할 만한 명료성을 갖춘 하나의 철학적 세계상으로 조직되어 있다는 인상이 지배적이다. 화 이트헤드의 철학이 유럽에서 지금까지 미미한 영향력을 행 사했다면 이는 그 이유가 확실히 체계의 부족함에 있지는 않다는 점에서 매우 유감스러운 일이다. 아마도 핫츠혼이 "화이트헤드 철학의 위대함과 진리에 대한 보다 보편적인 가치 평가의 주요 저해 요인이 그 속에 포함된 어떤 결점에 있는 것이 아니라 바로 그 위대함과 진리성 자체에 있다."[108] 고 서술한 것은 아마도 정당한 듯하다.

여전히 이 철학이 주목을 끌지 못하는 다른 이유는 이러 한 것일 수도 있다. 즉 우리는 그 실천적 귀결에 의해서 분 명하게 된, 근대적으로 규정된 자연관찰의 좌절의 관점에서 사유의 익숙한 통로를 떠나 화이트헤드의 철학에 관여하면 서 어쩌면 오래 전에 사족蛇足이 되어 버린 하나의 철학적 범 례를 교체할 시대에 처해 있다는 것이다.

---

108 Ch. Hartshorne, Whitehead's Idea of God, S. 559, in: Schilpp, a.a.O., 515-559 쪽.

부록

참고문헌

이 책에서는 아래의 화이트헤드 저작을 일반적으로 참고문헌에서 관례가 된 기호로 나타낸다. 모든 인용은 독일어판으로 다시 나타낸다. 독일어 번역이 없거나 있더라도 상태가 좋지 않아서 실제로 읽을 수 없다면—『과학과 철학 논제(Essays in Science and Philosophy)』를 부분적으로 번역하여 1949년 비인에서 출간된 『철학과 수학(Philosophie und Mathematik)』과 같은 경우—그것은 저자의 탓이다. 이 경우 텍스트 내에 기입된 쪽수는 영문판에 따른 것이다. 다른 경우 독일어판 쪽수가 먼저 나오고 곧이어 원문판의 쪽수가 나온다. 하나의 예외는 화이트헤드의 주저인 『과정과 실재』인데, 각 경우 세 가지 쪽수가 기입된다. 첫째는 독일어판, 둘째는 기준판으로 된 수정판이며, 셋째는 오랫 동안 취급된 초판 내지 'Harper Torch Book'판이다.

▸ AE   The Aims of Education and Other Essays(1929), New York 1967.

▸ AI   Adventures of Ideas, New York 1933. Dt.: Abenteuer der Ideen. Übertragen von E. Bubser. Mit einer Einleitung von Reiner Wiehl, Frankfurt/M. 1971.

▸ CN   Concept of Nature(1920), Cambridge 1964. Dt.: Der Begriff der Natur. Übersetzt von Julian von Hassell, Wienheim 1990.

▸ DIA Dialogues of Alfred North Whitehead as Recorded by Lucien Price(1954), Boston 1964.

▸ ESP Essays in Science and Philosophy, New York 1948.

▸ FR   The Function of Reason, Princeton 1929. Dt.: Die Funktion der Vernunft. Übertragen von E. Bubser, Stuttgart 1974.

▸ MT   Modes of Thought, New York 1938.

▸ PR   Process and Reality. An Essay in Cosmology(1929), New York 1957(Haper Torch Books). Process and Reality. An Essay in Cosmology, überarbeitete Aufl. hrsg. von David R. Griffin and Donald W. Sherburne, New York 1979. Dt.: Prozeß und Realität. Übertragen von H.-P. Holl, Frankfurt/M. 1979.

▸ RM   Religion In the Making, Camgridge 1927. Dt.: Wie entsteht Religion? Übersetzt von Hans Günter Holl, Frankfurt/M. 1990.

▸ SMW Science and the Modern World(1925). New York 1953. Dt.: Wissenschaft und moderne Welt. Übersetzt von Hans Günther Holl, Frankfurt/M. 1988.

1) 화이트헤드 저작의 연대기적 목록(선별)

1898   A Treatise on Universal Algebra. With Applications, Cambridge.

1906   On Mathematical Conceps of the Material World, in: Philoso. Translations, Royal Soc. of London, Series A, 205, S. 465~525.

1907   The Axioms of Descriptive Geometry, Cambridge.

1910~13 (mit Bertrand Russel) Principia Mathematica, Cambridge. Dt.: Principia Mathematica(Teilübersetzung). Vorwort und Einleitungen. Übersetzt von H. Morke, München 1932. Neuaufgelegt Frankfurt/M. 1986.

1911   An Introduction to Mathmatics, London/New York. Dt.: Einführung in die Mathematik. Übersetzt von B. Schenker, Wien 1948.

1911   Mathematics, in: Encyklopedia Britanica, 11. Aufl., Bd. 17, S. 878~883.

1915   Space, Time, and Relativity, in: Proc. of the Aristotelian Soc. 16(1915/16), S. 104~129. Neuabdruck 1929: The Aims of Education and Other Essays, S. 155~165.

1916   The Aims of Education. A Plea for Reform, in: Math. Gazette vom 8. Jan., S. 191~203. Neuabdruck 1929: The Aims of Education and Other Essays, S. 1~14.

1916   La Théorie Relationiste de l'Espace, in: Revue de

Métaphysique et de Morale 23(Mai 1916), S. 423~454.

1916   Organisation of Thought, in: Report of the 86th Meeting of the British Assn. for the Advancement of Science, S. 355~365. Neuabdruck 1929: The Aims of Education and Other Essays, S. 103~120.

1919   An Enquiry Concerning the Principles of Natural Knowledge, Cambridge.

1920   The Concept of Nature, Cambridge. Dt.: Der Begriff der Natur. Übersetzt von Julian von Hassell, Weinheim 1990.

1920   Einstein's Theory. An Alternative Suggestion, in: The Times Educational Supplement vom 12 Feb., S. 83.

1922   The Principle of Relativity, Cambridge.

1922   Uniformity and Contingency, in: Proc. Aristotelian Soc. 23(1922/23), S. 1~18.

1925   Science and the Modern World, New York. Dt.: Wissenschaft und die Moderne Welt. Übersetzt von G. Tschindel und F. Bondy, Zürich 1949. Neuübersetzung 1984: Wissenschaft und die Moderne Welt. Übersetzt von H.-G. Holl, Frankfurt/M. 1984.

1925   Religion and Science, in: Athlantic Monthly 136(Aug. 25), S. 200~207.

1926   Religion in the Making, New York. Dt.: Wie entsteht Religion? Übersezt von H.-G. Holl, Frankfurt/M. 1985.

1926   The Education of an Englishman, in: Atlantic Monthly 138(Aug.), S. 192~198. Neuausdruck 1947: Essays in Science and Philosophy, S. 26~33.

1927   Symbolism. Its Meaning and Effect, New York.

1927   England and the Narrow Seas, in: Atlantic Monthly 139(Juni 27), S. 791~798. Neuausdruck 1947: Essays in Science and Philosophy, S. 34~43.

1929   Process and Reality. An Essay in Cosmology, New York. Überarbeitete Auflage, hrsg. von D.R. Griffin and D.W. Sherburne, New York 1979. Dt.: Prozeß und Realität. Entwurf einer Kosmologie. Übersetzt und mit einem Nachwort versehen von H.-G. Holl, Frankfurt/M. 1979.

1929   The Function of Reason, Princeton. Dt.: Die Funkrion der Vernunft. Übersetzt von E. Bubser, Stuttgart 1974.

1929   The Aims of Education and Other Essays, New York.

1933   Adventures of Ideas, New York. Dt.: Abenteuer der Ideen. Überstzt von E. Bubser mit einer Einleitung von R. Wiehl, Frankfurt/M. 1971.

1934   Nature and Life. Neuabdruck 1938: Modes of Thought, S. 127~169.

1936   Memories, in: Atlantic Monthly 157(Juni 36), S. 672~679. Neuabdruck 1947: Essays in Science and Philosophy, S. 16~25.

1938   Modes of Thought, New York.

1939   An Appeal to Sanity, in: Atlantic Monthly 163(März 1993), S. 309~320. Neuabdruck 1947: Essays in Science and Philosophy, S. 44~59.

1941 Autobiographical Notes, in: P.A. Schilpp(Hg.), The Philosophy of Alfred North Whitehead, New York, S. 114. Neuabdruck 1947: Essays in Science and Philosophy, S. 7~15.

1941 Mathematics and the Good, ebd., S. 666~681.

1941 Immortality, ebd., S. 682~700.

1946 The Wit and Wisdom of Whitehead, hrsg. von A.H. Johnson, in: Phiosophy of Science 13(Juli 1946), S. 223~251. Einzelveröffentlichung 1947, Boston.

1947 Essays in Science and Philosophy, New York. Dt.: Philosophie und Matemathik(Teilübersetzung). Überstzt von F. Orther, Wien 1949.

2) 엄선된 화이트헤드 연구 문헌

아래에 선정된 화이트헤드 연구 문헌은 가장 중요한 출간물을 시기순으로 정리한 것에 불과하다. 1976년에 이르기까지 발간된 화이트헤드에 관한 모든 논문과 저술 및 발간된 화이트헤드 자신의 저술들에 대한 완전한 목록은 B.A. Woodbridge(Hg.), Alfred North Whitehead. A Primary-Secondary Bibliography, Bowling Green, Ohio, 1977이다. 다른 엄선된 문헌 목록은 Wolf-Gazo(Hg.), Whitehead, a.a.O.에도 나온다.

a) 전기

▷ V. Lowe, Whitehead. The Man and his Work, 2 Bde., Baltimore 1985 und 1990.

▷ A.N. Whitehead, Autobiographical Notes, in: Schilpp(Hg.), The Philosophy of Alfred North Whitehead, New York 1941, S. 1~14. Wiederabdruck in: ESP 7~15.

▷ ____, Memories, in: ESP 16~25.

▷ ____, The Education of an Englishman, in: ESP 26~33.

▷ ____, England and the Narrow Seas, in: ESP 34~43.

▷ ____, Dialogues as Recoded by Lucien Price(1954), New York 1964.

▷ W.E. Hocking, Whitehead as I Knew Him, in: Kline(Hg.), Alfred North Whitehead, Essays on his Philosophy, Englwood Cliffs, Nj, 1963, S. 7~17.

▷ B. Russell, My Philosophical Develpoment, London 1959.

b) 단행본

▷ D. Emmet, Whitehead's Philosophy of Organism, London 1932.

▷ I. Leclerc, Whitehead's Metaphysics, London 1958.

▷ W.A. Christian, An Introduction of Whitehead's Metaphysics, New Haven 1959.

▷ A.H. Johnson, Whitehead's Theory of Reality(1952), New York 1962, und; ―, Whitehead's Theory of Civilization(1958), New York 1962.

- V. Lowe, Understanding Whitehead, Baltimore 1962.
- M. Welker, Universität Gottes und Relativität der Welt, Neukirchen 1981.
- R.L. Fetz, Whitehead, Prozeßdenken und Substanzmetaphysik, Freiburg/München 1981.
- A. Rust, Die Organismische Kosmologie von Alfred North Whitehead, Frankfurt/M. 1987.
- T.H. Hosinski, Introduction to Alfred North Whitehead. Stubborn Fact and Creative Advance, London 1993.

c) 『과정과 실재』에 대한 주석과 자료
- D.W. Sherburne, A Key to Whitehead's *Process and Reality*, Bloomington 1966.
- E.M. Kraus, A Companion to Whitehead's *Process and Reality*, New York 1979.
- M. Hampe/H. Maaßen(Hg.), Prozeß, Gefühl und Raum-Zeit. Materialien zu Whiteheads *Prozeß und Realität* 1, Frankfurt/—/ 1991.
- ders., Die Gifford Lectures und ihre Deutung. Materialien zu Whiteheads *Prozeß und Realität* 2, Frankfurt/M. 1991.

d) 논문집
- P.A. Schilpp(Hg.), The Philosophy of Alfred North Whitehead, New York 1941.

- I. Leclerc(Hg.), The Relevance of Whitehead, London 1961.
- G.L. Kline(Hg.), Alfred North Whitehead. Essays on his Philosophy, Englwood Cliffs, NJ, 1963.
- W.L. Reesa/E. Freeman(Hg.), Process and Divinity. The Hartshorn Festschrift, La Salle, Ill., 1964.
- E. Wolf-Gazo(Hg.), Whitehead. Einführung in seine Kosmologie, Freiburg/München 1980.
- L.S. Ford/G.L. Kline(Hg.), Exploration in Whitehead's Philosophy, New York 1983.
- H. Holz/E. Wolf-Gazo(Hg.), Whitehead und der Prozeßbegriff. Beiträge zur Philosophie Alfred North Whiteheads auf dem Ersten Internationalen Whitehead-Symposion 1981, Freiburg/München 1984.
- F. Rapp/R. Wiehl(Hg.), Whiteheads Metaphysik der Kreativität, Freiburg/München 1986.
- E. Wolf-Gazo(Hg.), Process in Context, Bern 1988.
- H. Holzhey/A. Rust/Reiner Wiehl(Hg.), Natur, Subjektivität, Gott. Zur Prozeßphilosophie Alfred North Whiteheads, Frankfurt/M. 1990.

e) 주요 논문들을 포함한 개별주제에 관한 연구

- William P. Alston, Internal Relatedness and Pluralism in Whitehead, in: Review of Metaphysics 5(1952), S. 535~558.
- P.A. Bertocci, Hartshorne on Personal Identity. A Personalistic

Critique, in: Process Studies 2(1972).

Elmar Busch, Viele Sujekte, eine Person, Würzburg 1993.

M. Capek, Simple Location and Fragmentation of Reality, in: Reese/Freeman(Hg.), a.a.O., S. 79~100.

J.B. Cobb, A Christian Natural Theology, Philadelphia, Pennsylvania, 1965.

_____, Freedom in Whitehead's Philosophy, in: Ford/Kline(Hg.), a.a.O., S. 45~52.

_____, The Whitehead without God Debate: The Critique, in: Process Studies 1(1971), S. 91~100.

A. Cloots, De Vraag naar het Ultieme in de Process-Filosofie, in: Tijdschrift foor Filosofie 42(1980), S. 48~74.

St.L. Ely, The Religious Availability of Whitehead's God. A Critical Analysis, in: Ford/Kline(Hg.), a.a.O., S. 48~74.

Dorothy Emmet, Whitehesd's View on Causal Efficacy, in: Hol/Wolf-Gazo(Hg.), a.a.O., S. 161~178.

J.W. Felt, Transmutation and Whitehead's Elephant, in: Hol/Wolf-Gazo(Hg.), a.a.O., S. 79~84.

L.S. Ford, Boetius and Whitehead on Time and Eternity, in: International Philosophical Quarterly(3/1968), S. 42~66.

_____, Can Whitehead Provide for a Real Subjecive Agency? A Reply to Edward Pols, in: Modern Schoolman 47(1970), S. 209~225.

_____, On Genetic Successiveness. A Third Alternative, in:

Southern Journal of Philosophy 7, 4(1969)/70). S. 421~425.

▸ _____, Whitehead's Conception of Divine Spaciality, in: Southern Journal of Philosophy 6, 1(1968)/70). S. 1~13.

▸ W.J. Garland, The Ultimacy of Creativity, in: Ford/Kline(Hg.), a.a.O., S. 212~238.

▸ J. Goheen, Whitehead's Theory of Value, in: Schilpp(Hg.), a.a.O., S. 437~459.

▸ D.R. Griffin, God Power and Evil. A Process Theodicy, Philadelphia 1976.

▸ W.W. Hammerschmidt, The Problem of Time, in: Holz/Wolf-Gazo(Hg.), a.a.O., S. 154~160.

▸ M. Hampe, Die Wahrnehmungen der Organismen, Über die Voraussetzungen einer naturalistischen Theorie der Erfahrung in der Metaphysik A. N. Whiteheads, Göttingen 1990.

▸ Ch. Hartshorne, Ontological Primacy. A Reply to Buchler, in: Ford/Kline(Hg.), a.a.O., S. 295~303.

▸ _____, Physics and Psychics. The Place of Mind in Nature, in: J.B. Cobb/D.R. Griffin(Hg.), Mind in Nature. Essays on the Interpace of Science and Philosopy, Washington, D.C., 1977.

▸ _____, Whitehead's Idea of God, in: Schilpp(Hg.), a.a.O., S. 515~559.

▸ _____, Whitehead's Philosophy. Selected Essays 1935~70, Lincoln, Nebrasca, 1972.

▸ W.E. Hocking, Mind and Nature, in: Schilpp(Hg.), a.a.O., S.

383~404.

P. Hughes, Is Whitehead's Psychology Adquate?, in: Schilpp(Hg.), a.a.O., S. 275~299.

G.L. Kline, Form, Concrescence and Concretum, in: Ford/ Kline(Hg.), a.a.O., S. 104~146.

N. Lawrence, The Vision of Beauty and the Temporality of the Deity in Whitehead's Philosophy, in: Kline(Hg.), a.a.O., S. 168~178.

B. Loomer, Ely on Whitehead's God, in: D. Brown/R.E. James/ G. Reeves(Hg.), Process Philosophy and Christian Thought, Indianapolis/New York 1971, S. 264~286.

V. Lowe, The Concept of Experience in Whitehead's Metaphysics, in: Kline(Hg.), a.a.O., S. 124~133.

H. Maaßen, Gott, das Gute und das Böse in der Philosophie A. N. Whiteheads, Frankfurt/M. 1988.

_____, Gottes Beziehung zum Guten und zum Bösen in Whiteheads relationaler Wertethik, in: Holzhey-Rust-Wiehl(Hg.=, a.a.O., S. 262~277.

E.H. Madden-P. Hare, Evil and the Concept of God, Springfield, Ill., 1968.

A.E. Murphy, The Anti-Copernican Revolution, in: Journal of Philosophy 26(1929), S. 281~299.

_____, Whitehead and the Method of Speculative Philosophy, in: Schilpp(Hg.), a.a.O., S. 535~380.

R.C. Neville, Whitehead on the One and Many, in: Ford/Kline(Hg.), a.a.O., S. 257~271.

▸ Edward Pols, Whitehead's Metaphysics. A Critical Exmination of Process and Reality, London/Amsterdam 1967.

▸ A.D. Ritchie, Whitehead's Defence of Speculative Reason, in: Schlipp(Hg.), a.a.O., S. 331~349.

▸ J.W. Robson, Whitehead's Answer to Hume, in: Kline(Hg.), a.a.O., S. 53~62.

▸ E. Schaper, Aesthetic Perception, in: I. Leclerc(Hg.), The Relevance of Whitehead, a.a.O., S. 263~285.

▸ D.W. Sherbune, Responsibility, Punishment and Whitehead's Theory of the Self, in: Kline(Hg.), a.a.O., S. 179~188.

▸ _____, Whitehead Without God, in: Brown/James/Reeves(Hg.), a.a.O., S. 303~327.

▸ W.M., Urban, Whitehead's Philosophy of Language, in: Schilpp(Hg.), a.a.O., S. 303~327.

▸ D.D. Williams, How Does God Act, in: Reese/Freeman(Hg.), S. 161~180.

1861   알프레드 노쓰 화이트헤드, 2월 15일 영국 동남부의 해
안 그라샤프트 켄트주洲의 램즈게이트에서 마을교회의
주교 알프레드 화이트헤드와 부인 마리아 사라Maria
Sarah의 아들로 태어나다.

1875~80   도르지쳐 소재의 셔번(Sherburne Internats Dorsetshire)
을 방문하다.

1880   가을에 캠브리지의 트리니티 칼리지에서 수학數學을 공
부하다.

1884   3월에 1887년 2월까지 캠브리지좌담회(Cambridge
Conversazione Society)에 들어가다. 학업을 마치고 10
월에 "트리니티 칼리지 회원"이 되고, 거의 40년간 지속
되는 수학교수 및 연구활동을 시작하다.

1890   12월 16일 이블린 웨이드Evelyn Wade와 결혼하다. 결
혼 생활은 화이트헤드가 서거하는 1947년에 이르기까
지 지속된다.

1891   아들 토마스 노쓰Thomas North가 태어나다.

1893   딸 제시Jessie가 태어나다.

1898   『보편 대수학 논고』(A Treatise on Universal Algebra) 출
간. 아들 에릭 알프레드가 태어나다.

1900   버트란트 럿셀 부부, 부인 이블린과 함께 파리의 제1회

국제철학회에 참석하다.

1903   왕립협회 회원이 되다.

1905   과학박사 학위(D. Sc.)를 받다. 테마는 "멕스웰의 전자기 이론".

1906   9월 22일 왕립협회에서 "물질계의 수학적 개념에 관하여"로 출간된 논문을 발표하다.

1910   캠브리지를 떠나 고정직이 없는 상태로 1년을 머물게 되는 런던으로 가다. 럿셀과 10년 이상을 공동으로 작업하여 출간된 『수학원리』(Pricipia Mathematica)의 제1권이 켐브리지에서 출간되다. 제2, 3권은 1912년과 1913년에 각각 출간되다. 출판비를 대기 위해서 럿셀과 각각 50파운드를 부담해야 했음.

1911   『수학입문』 출간. 7월에 런던대학에서 응용수학과 역학 강사 자리를 얻다.

1914   4월에 파리에서 열린 제1회 국제 수리철학회에 (럿셀 없이) 참석하여 공간에 대한 상대성이론에 관한 발표를 하다. 7월에 럿셀과 함께 그 다음의 6주간을 화이트헤드의 집에 손님으로 머물게 되는 게르투드 슈타인과 엘리스 토클라스를 알게 되다.

1916   『교육의 목적』 출간.

1918   아들 에릭이 3월 13일 프랑스를 경유하다 총에 맞다. 화이트헤드의 분명한 불인증不認症은 이후 점차 완화되다.

1919 『자연적 인식의 원리에 관한 탐구』 출간.

1920 『자연의 개념』 출간.

1922 『상대성원리』 출간. 4월에 부부가 처음으로 미국을 여행하다.

1924 2월 6일 하바드대학으로부터 철학교수직의 초청장이 오다. 10월에 시작하는 강의를 하기 위해 초청을 수락하다.

1925 로웰Rowell 강의 『과학과 근대세계』가 출간됨으로써 세인의 주목을 끌다.

1926 로웰 강의 "형성 중의 종교"를 행하다. 9월에 제6회 국제철학회에 참석하여 중요한 논문을 발표하는데, 같은 해에 『시간』이란 제목으로 출간되다.

1927 버지니아대학에서 바버-페이지 강의를 하고 『상징, 그 의미와 영향』으로 출간되다. 1927/28년에는 에딘버러 대학에서 기퍼드Gifford 강사가 되다. 일련의 공개 강의 청강자 수가 급격히 감소하다.

1929 기퍼드 강의의 증보판이 『과정과 실재』로 출간되다. 이어 『이성의 기능』이 출간되다.

1931 영국아카데미회원이 되다.

1933 『관념의 모험』 출간.

1934 『자연과 생명』 출간.

1937 제한된 시간을 넘어서까지 가르친 후 퇴직했으나 1941

년까지 공개적으로 강의를 하다.

1938 『사고의 양상들』 출간.

1941 『수학과 신』 출간. 하버드대학에서 마지막으로 "불멸
성"을 강의하다.

1945 영국 정부로부터 학자로서는 최고의 영예 훈장(Oder of
Merit)을 받다.

1947 『과학과 철학에 관한 엣세이들』 출간. 12월 30일 뇌졸
중으로 서거하다. 1948년 1월 6일 하버드교회 공원묘
지에 안장되다.

찾아보기